Neukölln

Murat Topal

Neukölln

Endlich die Wahrheit

berlin edition im

be.bra verlag

Bibliografische Information der Deutschen Nationalbibliothek
Die Deutsche Nationalbibliothek verzeichnet diese Publikation
in der Deutschen Nationalbibliografie; detaillierte bibliografische
Daten sind im Internet über http://dnb.d-nb.de abrufbar.

© berlin edition im be.bra verlag GmbH
Berlin-Brandenburg, 2011
KulturBrauerei Haus 2
Schönhauser Allee 37, 10435 Berlin
post@bebraverlag.de
Idee: Ulrich Hopp, Berlin
Redaktionelle Mitarbeit: Mario Savino, Berlin
Lektorat: Marijke Topp, Berlin
Umschlaggestaltung: Ansichtssache, Berlin
Satz: typegerecht, Berlin
Schrift: Din 9,5/14,5pt
Druck und Bindung: GGP Media GmbH, Pößneck
ISBN 978-3-8148-0182-7

www.bebraverlag.de

Vorwort

Liebe Freundinnen und
Freunde gepflegter Vorurteile,

sollten Sie dieses Buch in die Hand genommen haben, um die durch sensationsdurstige Medien geprägten Klischees über die in unaufhaltsamem Niedergang begriffene Bronx von Berlin bestätigt zu bekommen – klappen Sie es doch bitte gleich wieder zu. Wie einst Zorro im Kalifornien des 19. Jahrhunderts sich samt schwarzem Umhang, Augenmaske, Peitsche und Degen zum unbarmherzigen Rächer der Entrechteten aufschwang, habe ich mich in den letzten Wochen mit Laptop, Brille, viel Schokolade und einem unbestechlichen Blick auf die Realität bewaffnet, um an Aufklärung Interessierten auf den folgenden Seiten die ungeschminkte Wahrheit über das genauso oft wie ungerechtfertigt geschmähte Neukölln zu erzählen und populäre Irrtümer über »meinen« Bezirk hoffentlich nachhaltig zu korrigieren. Und zwar von A wie »Aufstieg« bis Sett wie »Sett mal, wie liebenswert Neukölln sein kann«. Das Possessivpronomen »mein« verwende ich in diesem Zusammenhang übrigens mit Stolz und rein blinkendem Gewissen, denn ich wurde hier nicht nur vor zu meinen Gunsten abgerundeten dreißig Jahren geboren, sondern habe dem Kiez sowohl herzensmäßig als auch wohntechnisch bis heute die Treue gehalten. Auf solch angeberische Fremdwörter wie »Possessivpronomen« werden Sie in dem vorliegenden Buch immer wieder einmal stoßen – dies schon mal zur Vorwarnung. Der Grund ist ein einfacher: Wie eine neulich in der »Süddeutschen Zeitung« veröffentlichte Studie ergab, ist der typische Käufer des von mir – um das Mindeste zu sagen – wenig geschätzten, aber leider viel verkauften Sarrazin-Konvolutes »Deutschland schafft sich ab« leidenschaftlicher FAZ-Konsument und Anhänger eines Bildungsideals, welches sich wenig um die Erkenntnis von Zusammenhängen schert und dafür umso mehr auf die Abfrage eingepaukten Wissens baut. Um also auch diese potenziellen Erwerber meines schonungslosen Aufklärungsbuches bei der Stange zu halten und ihnen die billige Kaufverweigerungs-Ausrede zu nehmen, Ausländerkinder könnten sowieso nichts Lesenswertes schreiben, war ich als deutschtürkischer Autor gezwungen, zumindest hin und wieder ein klein wenig die Bildungskeule zu schwingen. Damit meine ich die bei vielen Autoren beliebten, einen Text künstlich aufwertenden inhaltsleeren Zusatzstoffe. Diese sind zwar im Gegensatz zu den von der Lebensmittelindustrie verwendeten Geschmacksverstärkern à la Glutamat gesundheitlich weitgehend unschädlich, führen aber beim Konsumenten bei regelmäßiger Einnahme zu geistiger Aufgeblasenheit und völlig unbegründeten Überlegenheitsgefühlen. Als Anhänger von *Fairwrite*, einem von mir noch zu gründenden Verein für nicht-manipulatives und argumentationsbezogenes Schreiben, habe ich dem Verlag in mühevoller Verhandlung das Recht abtrotzen können, diese inhaltsleeren Zusatzstoffe unter dem Kürzel NLP (für: nutzlose lückenfüllende Prahlerei) zum Schutze des Lesers zumindest im nun folgenden Absatz kennzeichnen zu dürfen.

Gut, jetzt ist es also raus – mein für deutsche Gehörgänge leicht fremd klingender Name hat den ein oder anderen scharfsinnigen Fuchs (NLP: *abwegige Anspielung, die niemand versteht. Fuchs ist die deutsche Übersetzung des spanischen Wortes »Zorro«!*) sicher schon auf die Fährte gebracht: Ich habe deutsch-türkische Wurzeln. Und das ist auch gut so. (NLP: *In diesem Zusammenhang unsinniges Zitat von Klaus Wowereit*) Ebenfalls gut ist sicher, die bewährte osmanische Kriegstaktik der Vorwärtsverteidigung anzuwenden (NLP: *Pseudowissen. Keine Ahnung, ob die Osmanen gerne vorwärts verteidigten. Klingt aber gut und prüft in der Regel niemand nach*) und die Frage nach der Abstammung des Autors gleich anfangs zu beantworten.

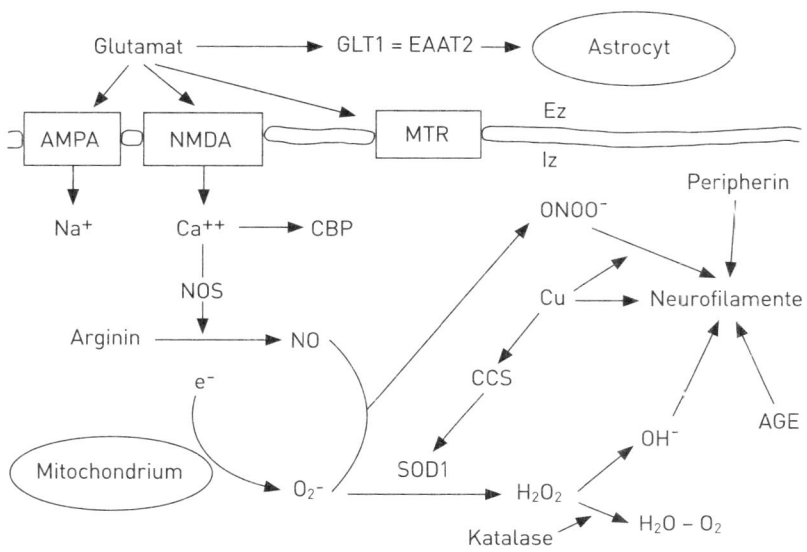

NLP: So kann sich Glutamat auf den menschlichen Körper auswirken. (Abbildung entnommen aus dem Journal für Neurologie, Neurochirurgie und Psychiatrie 2004)

Nicht, dass ein in seinem prallen deutschen Nationalstolz schwelgender Leser nach mühevoll erarbeiteter Lektüre von über 200 Seiten Text erst auf den letzten Metern von der das Buch in Bausch und Bogen diskreditierenden (NLP: *unnötiges Fremdwort*) fremdländischen Herkunft des Schreiberlings erfährt, das vom Verlag so liebevoll gestaltete Werk abscheugesteuert in den schmutzstarrenden Rinnstein pfeffert und in elaboriertem (NLP: *noch ein unnötiges Fremdwort*) Deutsch flucht: »Ey, der is' ja gar kein Deutsch. Was kann denn so'n Kanake mich über Neukölln erzähl'n?«

Deshalb für diesen Kundenkreis hier noch einmal ganz langsam und deutlich: Ich bin Halbtürke – und kann deshalb nix richtig Deutsch! Du mich können nur verstehen, weil ich hatte gute und vor allem muttersprachliche Lektorin. Obwohl: Meine Mutter ist auch Deutsche, also ist Deutsch eigentlich schon meine Muttersprache, oder?

An dieser Stelle sollte ich sinnvollerweise ein paar Sätze über meinen biographischen Hintergrund einfügen: Deutsch-Türkischen Gemeinsinn in Berlin stärken – unter diesem Motto taten sich vor fast vierzig Jahren mein Vater – »kommt aus Türkei« – und meine Mutter – »orijinal jebürtije Berlinerin« – zusammen und sorgten im Neuköllner Reuterkiez mit geburtsfördernden Maßnahmen dafür, dass sich Deutschland mit dem Aussterben noch ein wenig Zeit lassen kann. Nun gibt es zur Stärkung des Gemeinsinns zweifelsohne mehr Methoden als die durchaus löbliche meiner Eltern. Eine davon soll dieses Buch sein, mit dem ich eine Lanze für den – wenn auch zugegebenermaßen nicht unbedingt freiwillig eingeschlagenen – multikulturellen Weg meines Herzensbezirks brechen möchte, der inzwischen Menschen aus über 160 Nationen zu einer Heimstatt, manchem gar schon zu einer Heimat, geworden ist. Während sich Deutschland in den angsterfüllten Hirnen von Herrn Sarrazins großer Fangemeinde also nach und nach abschafft, entsteht vor den Augen nicht ganz so paranoider Zeitgenossen in unserem Bezirk das Modell eines neuen Deutschlands, weshalb ich mich auf den nächsten Seiten immer wieder an dem schiefen Medienbild Neuköllns abarbeite. Denn jeder, der hier länger wohnt, wird bestätigen, dass es in Neukölln – trotz all der unbestreitbaren Probleme, die das Zusammenleben von Menschen unterschiedlicher Kulturen, Religionen und Nationen im Alltag nun einmal hervorbringt – insgesamt recht tolerant und lebensoffen zugeht. Und quirlig-bunt sowieso! Menschen, die freiwillig einen Job bei der Polizei antreten, wird zwar gelegentlich eine masochistische Ader nachgesagt. Aber glauben Sie mir: Selbst ein halbtürkischer Ex-Cop wie ich kann nicht so masochistisch sein, dass er ohne triftigen Grund sein Leben lang in einem von Gewalt und Hass zerfressenen Ghetto wohnen bliebe.

Sie halten also einen Text in den Händen, der sowohl gegen Panikmache als auch gegen rosa getönte Brillen argumentiert und für einen unverstellten, ideologiefreien Blick auf real existierende Probleme plädiert – jedoch abseits der so gern in Schockfarben gemalten Horrorszenarien. Alles in allem aber soll mein Buch vor allem eines: Sie ohne erigierten Zeigefinger und aufgesetzte Bildungshuberei über die aufregende und wechselhafte Geschichte und Gegenwart Neuköllns informieren – auf amüsante und trotzdem halbwegs niveauvolle Art. Ich habe mich nach bestem Wissen und Gewissen bemüht, alle dazu notwendigen Fakten sorgfältig zusammenzutragen und korrekt wiederzugeben. Freilich habe ich bei den Recherchen nicht allein agiert, sondern, um eine altosmanische Formulierung zu verwenden, als »Primus inter Pares«. Also frei übersetzt: »Alle sind gut, aber einer bisken mehr gut!« Nämlich ich. Von daher übernehme ich natürlich auch die volle Verantwortung für jeden sachlichen Fehler, der sich womöglich eingeschlichen hat. Keineswegs möchte ich mich dabei auf die in vielen Lebensbereichen so beliebte Maxime zurückziehen: »Wer einen Fehler findet, darf ihn behalten.« Machen Sie es stattdessen bitte so: Falls Sie keine Unrichtigkeit entdecken, lobpreisen Sie das akribische Team des Verlags. Jeden Fauxpas dagegen kreiden Sie getrost mir an und schieben ihn, mit der im Buchhandel so erfolgreichen Art, auf die Bildungsferne eines mit geistiger Arbeit überforderten Halbtürken.

Nun aber genug der vorgeschobenen Worte. Stellen Sie ein Kännchen wohlschmeckenden Tee bereit, lehnen Sie sich entspannt zurück und fühlen Sie sich herzlich eingeladen zur Wahrheit und nichts als der Wahrheit über Neukölln – oder wie der Türke in mir sagen würde: Hoşgeldiniz!

Architektur

Alles hässlich in Neukölln

Dies ist mit Sicherheit eines der am schwersten auszurottenden Vorurteile über meinen Geburtsbezirk – und gleichzeitig eines der am wenigsten zutreffenden. Zunächst einmal ist → Neukölln ja nicht gleich Neukölln. Wer zum Beispiel auf heile Welt und Dorfleben steht, der muss einfach nur von der → Karl-Marx-Straße in die Richardstraße abbiegen. Schon nach ein paar Schritten findet er sich zwischen kleinen Höfen wieder, die genau so auf dem platten Land stehen könnten, bevor man den Richardplatz und das angrenzende Böhmische Dorf erreicht. Nostalgische Gefühle sind hier unvermeidlich und garantiert!

Und selbst den ein oder anderen gut erhaltenen Gründerzeit-Bau gibt es nicht nur in Charlottenburg oder Kreuzberg, sondern auch bei uns, ganz zu schweigen von den ihr Alter hervorragend auftragenden Dorfkirchen. Sogar eine idyllische Mühle haben wir zu bieten, was manche meiner Gäste von außerhalb angesichts ihres von sensationslüsternen Negativschlagzeilen wie »Endstation Neukölln« oder »Neukölln. Karte der Angst« geprägten Neukölln-Bildes beim ersten Erzählen für einen dreisten Münchhausen-Schwindel halten. Von al. diesen Sehenswürdigkeiten abgesehen, liegt Schönheit natürlich letzten Endes immer im Auge des Betrachters. Und gelegentlich braucht es zum Erkennen von Schönheit oder – sagen wir vielleicht treffender – von bewahrenswerter Qualität auch eine gewisse Sachkenntnis. Die halt nicht immer gegeben ist. Ich zum Beispiel gehe gerne in den Baumarkt, bin ein durchaus passionierter Heimwerker und habe sogar – wie es ja seit jeher von jedem wahren Mann verlangt wird – nicht nur ein Kind

Eine kleine Auswahl von Neuköllner Altbauten, hier am Richardplatz.

gezeugt, sondern auch ein Haus gebaut. Aber von Architektur habe ich trotzdem keine Ahnung. Nehmen wir die im Neuköllner Stadtteil Britz gelegene →Hufeisensiedlung, die ich seit meiner frühen Kindheit kenne und nie als sonderlich attraktives Wohnquartier wahrgenommen habe. Inzwischen weiß ich, dass sie sogar zum UNESCO-Weltkulturerbe zählt. Ich wäre aber ein ziemlich frecher Lügner, wenn ich behaupten würde, ich fände die Hufeisensiedlung seitdem schöner. Nach meinem Geschmack ist sie nach wie vor einfach eine große und eher unattraktive Wohnmaschinerie, auch wenn die architektonische Leistung, mit der hier der nach dem Ersten Weltkrieg herrschenden dramatischen Wohnungsnot begegnet wurde, beeindruckend ist.

Aber dennoch – schöne Ecken gibt es in meinem Bezirk auch ohne die Hufeisensiedlung allemal. Zum Beispiel das Rathaus Neukölln. Das beeindruckende Gebäude wurde zwischen 1905 und 1909 nach Plänen des Stadtbaurats Reinhold Kiehl errichtet. Große Teile des Gebäudes wurden während des Zweiten Weltkriegs zerstört, aber vom Dach des

Architektur auf höchstem Niveau an der Hasenheide – oder einfach
der versteckte Eingang zu Huxleys schöner neuer Dimension?

68 Meter hohen Turms blickt bis heute die Göttin Fortuna – von den
Neuköllnern liebevoll »Rieke uff'n Rathausturm« genannt – auf die
Karl-Marx-Straße hinab.

Auch die »Passage«, ebenfalls in der Karl-Marx-Straße, kann sich
sehen lassen. Errichtet wurde der Gebäudekomplex mit seinem mar-
kanten zweigeschossigen Brückenbau im Eingangsbereich 1909/1910.
Schnell wurde die Passage zu dem kulturellen Zentrum, das es bis
heute geblieben ist: Neben der Neuköllner Oper haben auch ein Kino,
Restaurants und Geschäfte hier ihren Sitz. Ein paar Häuser weiter, in
der Karl-Marx-Straße 141, stößt man gleich auf ein weiteres architek-
tonisch interessantes Bauwerk: den Saalbau Neukölln, der 1876 erbaut
wurde und sich mit Konzerten und Theateraufführungen schnell zum
Amüsierort Nr. 1 der Rixdorfer mauserte. 1928 wurde die Fassade von
Stadtbaurat Karl Bonatz im Stil der »Neuen Sachlichkeit« neu gestaltet, im Laufe der Zeit folgten dann noch einige weitere Umbauten. Zuletzt wurde das Gebäude 1990 saniert, es lässt aber an vielen Stellen

noch die ursprüngliche Bausubstanz erkennen. Derzeit logiert dort neben dem Café Rix das freie Theater des Heimathafens Neukölln. Seine Bestimmung als feste kulturelle Größe hat das Haus nicht verloren und ist mittlerweile weit über die Neuköllner Bezirksgrenzen hinaus zu einer angesagten Adresse geworden. (→ Hafen → Kultur)

Auch der von dem Architekturbüro Karl Waldemar Tilemann und Heiner Hennes entworfene Hotelriese Estrel, der die → Sonnenallee mit seiner unverkennbaren dreieckigen Form belebt, zählt zu den architektonischen Besonderheiten unseres Bezirks. Am beeindruckendsten ist der 1994 fertiggestellte Koloss bei Sonnenuntergang, wenn sich in der 19-stöckigen Fassade aus Glas und Stahl das Licht der Abendsonne spiegelt. (→ Tourismus)

Etwas weiter im Süden steht das Schloss Britz, ein über dreihundert Jahre altes Herrenhaus der Gründerzeit, das sein heutiges Aussehen um 1880 erhielt. Mitte der 1980er Jahre wurde das Gebäude restauriert und hat sich seitdem als Ausstellungs- und Veranstaltungsort sowie mit seinen gastronomischen Einrichtungen einen guten Namen gemacht. Übrigens: Auf dem Gelände lässt sich auch das Museum Neukölln besichtigen.

Wer trotzdem nach wie vor meint, Neukölln sei nur durch den gnadenlosen Einsatz der Abrissbirne aufzuhübschen, der soll sich von mir aus weiter in seinen Ressentiments suhlen. Denn Schönheit spiegelt sich vor allem im Herzen. Und MEIN Neukölln ist SEHR schön.

Aufstieg

Wer in Neukölln wohnt,
kommt nicht hoch hinaus

Na gut, ich gebe zu: Die Arbeitslosenquote in Neukölln ist die höchste aller Berliner Bezirke. Auch die Anzahl der Sozialhilfeempfänger kann einen echten Herzens-Neuköllner nicht mit Stolz erfüllen. Und während ich diese Zeilen in den Laptop hämmere, erfahre ich aus dem Radio, dass fast jeder fünfte Neuköllner in der Schuldenfalle sitzt. Das ist die eine Seite. Auf der anderen Seite sind Neuköllner durch das Stahlbad des realen Lebens gegangen und deswegen hart im Nehmen, weshalb es nicht wenige von ihnen aus dem Schatten der Anonymität in das grelle Licht der Öffentlichkeit geschafft haben. (→ Berühmtheiten)

Aber wer einmal so richtig hoch hinaus will, ich meine so richtig ganz nach OBEN, der hat einen sehr guten Grund, in die Neuköllner Fritz-Erler-Allee 120 in → Gropiusstadt zu kommen. Hier findet der interessierte Besucher ein von der Baugenossenschaft Ideal in den 1960ern errichtetes Wohnhochhaus, das auf – man höre und staune – 32 Stockwerken 288 Wohnungen mit insgesamt 815 Wohnräumen beherbergt. Mit einer Höhe von 89 Metern ist es nicht nur Berlins höchstes Wohngebäude, sondern sogar das fünfthöchste in ganz Deutschland. Übertroffen wird es von dem Kölner Colonia-Hochhaus (147 Meter) und dem Kölner Uni-Center. Bei den Kölnern ist diese Großmannssucht meiner küchenpsychologischen Meinung nach mit ihrer charakterlich so tief verwurzelten Bodenständigkeit zu erklären, der sie allein schon zur Erhaltung des Yin-Yang-Gleichgewichts ständig zu entfliehen suchen. Der Vollständigkeit halber möchte ich auch die Plätze drei und vier der deutschen Wolkenkratzer-Hitparade nicht unterschlagen: Sie werden belegt vom Hamburger Mundsburg-Tower und dem Mannheimer Collini-Center.

Aber zurück zum Wohnhochhaus »Ideal«. Da es in der Neuköllner Gropiusstadt steht, bedarf es keines besonderen Scharfsinns, den Namen des Architekten zu erraten. Im vorliegenden Fall wurde der Bauhaus-Star Walter Gropius tatkräftig von seinem Mitarbeiter Alexander Svianovic und dem Kontaktarchitekten Walter Bandel unterstützt. Hätten Sie gedacht, dass ursprünglich kein Gebäude der Gropiusstadt höher als fünf Stockwerke werden sollte? Was dieser sympathischen Idee einen Strich durch die Rechnung machte, war der 1961 von Walter »Niemand hat die Absicht, eine Mauer zu errichten« Ulbricht plötzlich in die Landschaft gestellte Grenzwall, der die Lage in der schlagartig geteilten Stadt grundlegend veränderte. Denn von einem Moment auf den anderen hatte West-Berlin plötzlich keine Möglichkeit mehr, in die Breite zu wachsen. Was also blieb den überrumpelten Städteplanern anderes übrig, als sämtliche Bauvorhaben zu »verdichten«. Übersetzt hieß dieser Begriff aus dem Planer-Slang, dass man halt in die Höhe bauen musste. In solchen Momenten fällt mir immer Bertolt Brechts lebenskluges Lied ein: »Ja, mach nur einen Plan, sei nur ein großes Licht, und mach dann noch 'nen zweiten Plan, gehn tun sie beide nicht.« Jedenfalls hatte nun das Wohnhaus in der Fritz-Erler-Allee 120 nach seiner Fertigstellung eben nicht fünf, sondern schlappe 32 Stockwerke auf dem Buckel.

Ich ernte wahrscheinlich wenig Widerspruch, wenn ich behaupte, dass ein wesentlicher, nahezu unabdingbarer Bestandteil von Hochhäusern eine ausreichende Anzahl funktionierender Fahrstühle ist. Vor allem ältere oder unsportliche Mitmenschen sowie Bewohner oberer Stockwerke werden mir hier sicherlich sofort zustimmen. In der Theorie war das auch den Erbauern dieses Wolkenkratzers klar. Ob aus Mieterfreundlichkeit oder eher aus vorausschauendem Misstrauen hatten die Bauherren sicherheitshalber schon mal drei Aufzüge eingeplant. An der Anzahl der Aufzüge haperte es im »Ideal« also nicht. An deren Qualität dagegen schon. Besonders in den 1970er Jahren war oft kein einziger der drei hochfahrenden Gesellen in der Lage, seiner ureigensten Bestimmung nachzukommen: Menschen sicher, schnell und sanft in die lichten Höhen Neuköllner Wohnlandschaften hinaufzutragen. Und auch wieder herab. Also hieß das Motto für die Bewohner der oberen Stockwerke immer und immer wieder: nicht verzagen, Treppen wagen. Angeblich musste eine neu einziehende Familie wegen der maroden und dienstuntüchtigen Fahrstühle sogar ihren gesamten Hausrat inklusive Couchgarnitur und sperriger Wohnzimmerschränke in den 27. Stock wuchten. Zu Fuß! Stellen Sie sich das einmal plastisch vor: Kiste auf den Buckel schnallen und dann 27 Etagen emporkeuchen. Endlich oben angelangt, Kiste abstellen und munter wieder 27 Absätze hinuntergehüpft. Und das ganze wieder von vorn. Immer und immer wieder. Ich hoffe inständig, diese Schrecken erregende Geschichte gehört in den Fundus moderner Stadtmythen.

Vielleicht handelte es sich bei besagter Familie aber auch um designierte Teilnehmer des seit Januar 2000 alljährlich stattfindenden Ideal-Tower-Runs. Bei dieser zwar

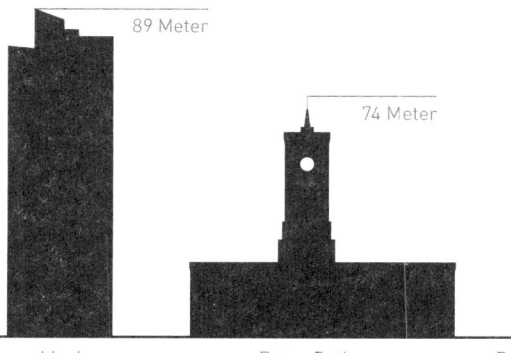

89 Meter

74 Meter

26 Meter

Fernsehturm   Ideal   Rotes Rathaus   Brandenburger Tor sinnentleerten, aber womöglich ganz unterhaltsamen Veranstaltung versuchen Triathleten, Radsportler und andere manisch Sporttreibende, in Rekordzeit die unendlich vielen Hochhaustreppenstufen zu bezwingen. Höchstwahrscheinlich kam die Idee zu diesem fragwürdigen Event einem der von den untreuen Fahrstühlen so schmählich im Stich gelassenen Bewohner der oberen Stockwerke. Geteiltes Leid soll ja nur noch halbes sein. Ob das so stimmt, habe ich bei meinen Recherchen allerdings nicht in Erfahrung bringen können. Wohl aber habe ich herausgefunden, dass der Rekord für das Erklimmen der 32 Energie fressenden Stockwerke derzeit bei drei Minuten und sechzehn Sekunden liegt. Oha, Leute. In dieser Zeitspanne schaffe ich es morgens nach dem Weckerklingeln noch nicht einmal aus dem Bett ...

Ausländer I

Zum 30. Juni 2010 waren in Berlin 453.529 Ausländer aus 185 Staaten gemeldet, so dass sich mit Fug und Recht sagen lässt: In Berlin kann man praktisch sämtliche Phänotypen der Weltbevölkerung in Augenschein nehmen, weil fast jeder siebte Berliner kein deutscher Eingeborener ist. Es wird sicher niemanden überraschen, dass der Löwenanteil der Spree-Ausländer aus der Türkei kommt. 23,3 Prozent sind für die Landsleute meines Vaters nach wie vor eine stolze Quote, obwohl die Zahl seit Jahren rückläufig ist. Immer härter auf den Fersen ist ihnen inzwischen die polnische Community, die es auf immerhin schon rund zehn Prozent bringt. Eigenartig nur, dass man in Berlin zwar überall Kebap und Börek bekommt (→ Döner), aber praktisch nirgendwo Bigos. Ich würde fast meine Glatze verwetten, dass die meisten Leser noch nicht einmal den Begriff »Bigos« kennen, geschweige denn ahnen, dass es sich dabei um eines der polnischen Nationalgerichte handelt. Jawoll, Leute, Bigos ist ein Schmoreintopf aus Sauerkraut, Weißkohl, Waldpilzen und diversen Fleischsorten, der bei Polen – im Gegensatz zu mir – anscheinend appetitanregenden Speichelfluss auslöst.

Aber ich komme ins Plaudern, bleiben wir beim Thema. Was die Zahl ausländischer Kinder und Jugendlicher auf allgemeinbildenden Schulen angeht, so trifft das Vorurteil unzweifelhaft zu: In diesem Segment hat → Neukölln eindeutig mit ziemlich großem Abstand den höchsten Ausländeranteil der Berliner Bezirke. Nimmt man aber die Erwachsenen hinzu und schaut sich den Gesamtanteil von Ausländern an, stimmt die Aussage nicht mehr. Nicht Neukölln liegt dann vorne,

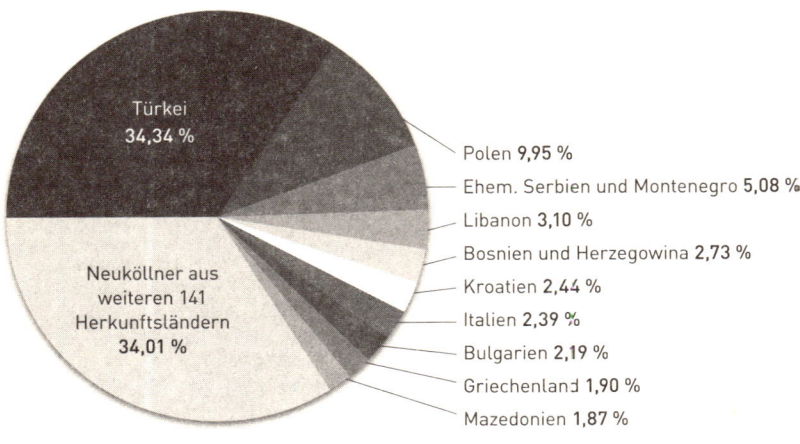

Türkei 34,34 %

Neuköllner aus weiteren 141 Herkunftsländern 34,01 %

Polen 9,95 %

Ehem. Serbien und Montenegro 5,08 %

Libanon 3,10 %

Bosnien und Herzegowina 2,73 %

Kroatien 2,44 %

Italien 2,39 %

Bulgarien 2,19 %

Griechenland 1,90 %

Mazedonien 1,87 %

sondern der bei der Berliner Verwaltungsreform von 2001 neu strukturierte Bezirk Berlin-Mitte (28,9 Prozent), dem damals die ehemaligen West-Berliner Bezirke Tiergarten und Wedding zugeschlagen wurden. Platz zwei der Ausländer-Charts belegt Friedrichshain-Kreuzberg (23,2 Prozent). Neukölln folgt dagegen mit 22,3 Prozent erst auf Rang drei. Legt man noch die vor dem Mauerfall geltende Bezirkseinteilung zugrunde, dann ist Neukölln sogar nur auf Platz fünf zu finden: abgeschlagen hinter Kreuzberg, Wedding, Tiergarten und Schöneberg.

Diese nackten und trockenen Zahlen belegen für mich einmal mehr, wie das Bild Neuköllns – in diesem Fall das Bild eines völlig überfremdeten Stadtteils, in dem man sich als Deutscher wie in den Orient zwangsversetzt vorkommt – von den Medien verzerrt und in eine völlig einseitige Richtung gedrängt wurde. Erlauben Sie mir in diesem Zusammenhang einen klitzekleinen Exkurs zum Thema Medien. Kognitiv-Forscher, die das menschliche Bewusstsein und die Prozesse des Erkennens und der Wahrnehmung zu ergründen versuchen, behaupten, dass von allem, was ein heutiger Mensch als seine Erkenntnis und Wahrheit empfindet, nur noch zwanzig Prozent auf selbst erlebter Erfahrung beruhen. Die anderen achtzig Prozent hat er in den Medi-

Zusammensetzung der in Neukölln lebenden Deutschen
(Stand: gefühlt)

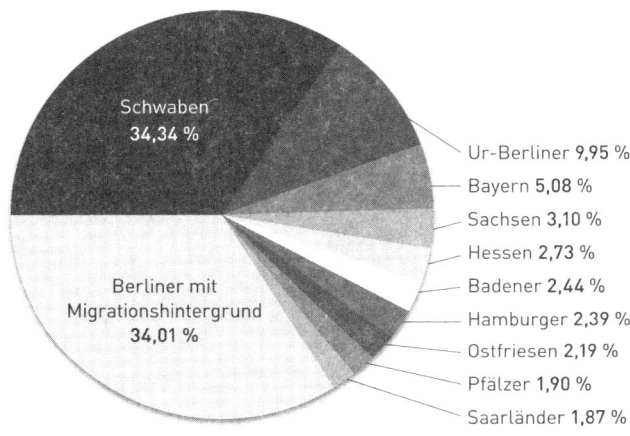

Schwaben 34,34 %

Ur-Berliner 9,95 %
Bayern 5,08 %
Sachsen 3,10 %
Hessen 2,73 %
Badener 2,44 %
Hamburger 2,39 %
Ostfriesen 2,19 %
Pfälzer 1,90 %
Saarländer 1,87 %

Berliner mit Migrationshintergrund 34,01 %

en aufgeschnappt. Das bedeutet, wir bewältigen unser Leben inzwischen zum großen Teil mittels auf reinem Hörensagen beruhenden Second- oder gar Third-Hand-Erfahrungen. Das unausweichliche mediale Sperrfeuer erzeugt ein Grundrauschen von Skandalen, Skandälchen, Gerüchten und Pseudowahrheiten, dem wir ständig ausgesetzt sind. Soziologen haben nachzuweisen versucht, dass die ständige aufgeregte Erzeugung und Bearbeitung von Irritation die einzige Funktion der sich selbst befruchtenden Maschinerie der Massenmedien ist. Alles

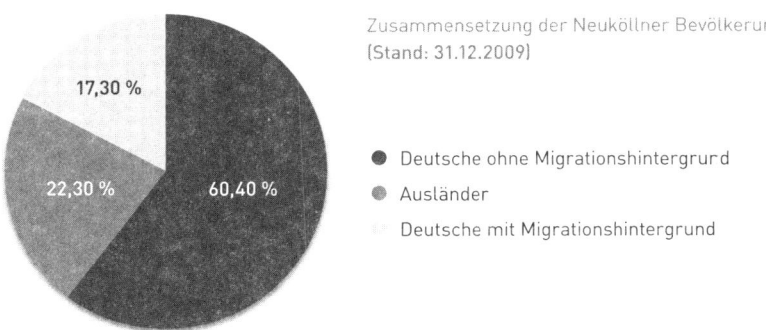

Zusammensetzung der Neuköllner Bevölkerung
(Stand: 31.12.2009)

17,30 %

22,30 % 60,40 %

● Deutsche ohne Migrationshintergrund
◐ Ausländer
 Deutsche mit Migrationshintergrund

ist gleich wichtig und gleich laut. Das einzig entscheidende Kriterium ist Aktualität. Qualität und Relevanz spielen keine Rolle mehr, so dass die Medien ihrer ursprünglichen Aufgabe, nämlich der Bereitstellung und vor allem der Sortierung von zutreffenden Informationen, in keiner Weise mehr gerecht werden.

Was darunter zwangsläufig leidet, ist unser persönliches Wahrnehmungs- und Urteilsvermögen. Wenn wir zehn Mal gelesen haben, dass Grün das neue Blau ist, dann glauben wir beim elften Mal, dieser Unsinn sei unsere ureigene Erkenntnis.

Warum ich das alles erwähne? Weil ich mich in der Vergangenheit schon so häufig über die zahlreichen Verzerrungen und Halbwahrheiten geärgert habe, die über meinen Bezirk verbreitet werden. Bleiben wir also im Kontext von Neuköllns Ausländeranteil ein letztes Mal bei den harten Fakten. In der Tat liegt der Migrantenanteil der Bevölkerung in Nord-Neukölln bei gut fünfzig Prozent. Aber Neukölln ist als Ganzes halt ein wenig größer als nur die Gegend südlich vom Landwehrkanal. Wenn man einen realistischen Eindruck einer Großstadt erhalten will (die Neukölln mit seinen 300.000 Einwohnern zweifelsohne darstellt), darf man sich nicht nur einzelne Ecken herauspicken, sondern muss schon das Gesamtbild betrachten.

In Neukölln ist niemand gemeldet aus:

Belize, Dominica, ehem. Jemen, Gabun, Guinea-Bissau, Haiti, Honduras, Kuwait, Mali, Monaco, Namibia, Papua-Neuguinea, Ruanda, Sambia, St. Kitts and Nevis und Swasiland.

(Stand: 31.12.2009)

Ausländer II

Früher wohnten nur Deutsche in Neukölln

Vor inzwischen fast dreihundert Jahren, genauer gesagt im Jahr 1713, übernahm König Friedrich Wilhelm I. – der später nicht ganz zu Unrecht als »Soldatenkönig« in die Geschichte einging – von seinem Vater, dem ersten preußischen König Friedrich I., in einer feierlichen Zeremonie die Amtsgeschäfte. Darauf hatte er lange und sehnsüchtig gewartet. Kaum hatte er das Zepter in der Hand, war Schluss mit lustig. Nachdem er sich in seiner Jugend ständig über die Prunk- und Verschwendungssucht seines Vaters ärgern musste, hielt nun ein striktes Sparregime Einzug. Zwar wollte auch er Preußens Geltungsanspruch in Europa demonstrieren und aufrecht erhalten, allerdings setzte er, anders als sein Erzeuger, nicht auf Glanz und Gloria, sondern auf militärische Kraft. Folgerichtig baute er jene Sektoren der Wirtschaft aus, die der Ausrüstung oder dem Unterhalt des Heeres dienten – so zum Beispiel die Textilproduktion, die wichtig war, um den ständig steigenden Wolltuchbedarf für die Uniformen seiner Soldaten zu decken.

Des Königs radikaler Sparkurs brachte seinen Untertanen zunächst einmal und wenig überraschend eine handfeste Wirtschaftskrise ein. Immerhin aber sorgte er dafür, dass die vom Vorgänger hinterlassenen Rekordschulden von zwanzig Millionen Talern relativ schnell auf Null zurückgeführt werden konnten. Am Ende war Friedrich Wilhelms Strategie so erfolgreich, dass sie ganz neue und bis dahin unbekannte Probleme ins Land brachte. Denn durch die ständig steigende Wirtschaftsleistung und den zuvor durch den Dreißigjährigen Krieg verursachten drastischen Bevölkerungsrückgang stand das Berliner

Gewerbe in den zwanziger Jahren des 18. Jahrhunderts plötzlich vor einem erheblichen Mangel an Arbeitskräften. Was also tun? Der König verfiel auf dieselbe Idee, die viele Jahrzehnte später auch der Wirtschaftswunderregierung der BRD kam: Er lockte ausländische Arbeiter ins Land. Eine Maßnahme, der ich letzten Endes meine Existenz verdanke und die schon darum meine volle Sympathie hat.

Dem um Arbeitskräfte buhlenden Soldatenkönig kam bei seiner Akquise zugute, dass das mit den protestantischen Preußen konkurrierende Herrscherhaus der katholischen Habsburger genau in dieser Zeit fundamentalistische Anwandlungen bekam und nichtkatholische Glaubensbekenntnisse in seinen Provinzen plötzlich zu Staatsverbrechen erklärte. Diese neue Intoleranz traf nicht zuletzt das Land Böhmen, dessen Bevölkerung überwiegend protestantisch war. So kam es, dass dort eine große Fluchtwelle einsetzte. Die Bewohner ganzer Dörfer verließen bei Nacht und Nebel, nur mit dem Notwendigsten an Habseligkeiten und ohne Aussicht auf eine gesicherte Zukunft ihre angestammte Heimat. Als Glaubensverwandter war der preußische König für die böhmischen Exulanten ein naheliegender Ansprechpartner, weshalb sich eine Vorhut der Religionsflüchtlinge um eine – wie wir heute so gerne wie unschön sagen: möglichst zeitnahe – Audienz bei ihm bemühte. (Wer jetzt übrigens – so wie ich bis gestern noch – glaubt, es müsste sich bei dem Exulanten korrekterweise um einen Exilanten handeln, dem kann ich mit dem Hochmut des frisch belehrten Besserwissers zurufen: Du bist auf dem Holzweg, Unkundiger! Es heißt deswegen Exulant, weil sich der Begriff vom lateinischen Wort für »Verbannter« ableitet. Und dieses lautet nun einmal: »exul«.)

Friedrich Wilhelm kam die Anfrage angesichts seiner Arbeitsmarktprobleme natürlich ungeheuer gelegen und deshalb erteilte er nicht nur den Segen zur Audienz, sondern auch gleich einer ersten Flüchtlingsgruppe das Recht, sich in Berlin anzusiedeln. Dass weitere Umsiedlungen trotz des in Preußen weiterhin herrschenden Arbeitskräftemangels über die folgenden Jahre hinweg den Exulanten immer

Relikte aus dem 18. Jahrhundert findet man immer noch in der Richardstraße.

nur kleckerweise und in kleinen Gruppen gewährt wurden, hatte einen simplen Grund: Der vorsichtige preußische König fürchtete Ärger, um nicht zu sagen kriegsähnliche Auseinandersetzungen, mit den in Glaubensfragen so hartleibigen Habsburgern.

Die ersten böhmischen Einwanderer – heute wären das wohl Asylanten – brachte die preußische Verwaltung 1732 noch in einer Siedlung am Halleschen Tor unter. Für die nachfolgenden Abordnungen ging Friedrich Wilhelm unter die Immobilienkäufer und erwarb das »Schultzen-Gerichte Riechsdorff« mit den dazugehörigen fünf Hufen Ackerland. Die nach unserer heutigen Rechnung rund hundert Hektar Boden ließ er vom Schulzengut trennen und stellte sie achtzehn böhmischen Familien kostenlos zur Verfügung. Im Gegenzug mussten diese sich verpflichten, Leinen- und Baumwollzeug für Berliner Fabrikanten herzustellen. Der preußische König zeigte sich bei der Ansiedlung klugerweise recht großzügig: Alle Zuwanderer erhielten nicht nur Glaubensfreiheit, sondern auch die Freistellung von Militärdienst

Im Böhmischen Dorf, in Laufweite zum Hermannplatz, steht die Böhmische Kirche.

und Einquartierungen. Die Böhmen konnten sich mittels staatlich ein-
geräumter Bauhilfen Häuser mit Scheunen bauen und bekamen als
Zugabe noch jeweils zwei Pferde, zwei Kühe und notwendiges Acker-
baugerät obendrauf.

Nicht anders als heute sorgte diese aus ihrer Sicht ungerechte
Bevorzugung der Ausländer bei den alteingesessenen Bürgern für
reichlich Verdruss und Aggressionen. Aber die weitsichtige Politik
zahlte sich für Berlin aus, denn sie sorgte für willige Arbeitskräfte.
Außerdem verbesserten die böhmischen Bauernfamilien durch ihren
intensiven Ackerbau die Versorgung der Stadt mit Fleisch, Milchpro-
dukten und Gemüse. Und sie waren gegenüber ihrem neuen Landes-
herrn in höchstem Maße loyal. So schrieb das für → **Rixdorf** zuständige
Amt Mühlenhof in einer für den König angefertigten Beurteilung: »Die
ganze Gemeinde Böhmisch-Rixdorf, ohne Ausnahme, gehört zu den
ruhigsten, gehorsamsten, in Entrichtung ihrer Abgaben promptesten,
überhaupt zu den besten Unterthanen.« So war die Ansiedlung für alle
Beteiligten ein gutes Geschäft.

Heute gilt das Böhmische Dorf in ➔ Neukölln als eines der bedeutendsten Kulturdenkmäler Berlins. Die Grenze zwischen dem damaligen Deutsch-Rixdorf und Böhmisch-Rixdorf verlief genau entlang der alten Dorfschmiede, die heute noch als traditionelle Kunst- und Messerschmiede in Betrieb ist und die alljährlich den Mittelpunkt des über die Neuköllner Ortsgrenzen hinaus bekannten Rixdorfer Weihnachtsmarkts bildet. Zu Beginn wurden hier noch die Hufeisen für napoleonische Reiterei oder die Brauereikutschenpferde des heute noch aktiven Fuhrunternehmens Gustav Schöne angefertigt. Und kulturhistorisch Interessierten sei verraten, dass John Heartfields Fotomontage »Schlag zu, Prolet« in der Rixdorfer Schmiede ihre fotografische Vorlage fand.

Dem preußischen König haben die Nachfahren der böhmischen Flüchtlinge an der Schnittstelle von Richardstraße und Kirchgasse übrigens ein Denkmal gewidmet – in tiefer Dankbarkeit. Und in dem am besten erhaltenen historischen Gebäude in der Kirchgasse 5 ist heute ein kleines Museum untergebracht, das die Geschichte der böhmischen Auswanderer in Berlin widerspiegelt.

Baberske, Robert ➔ Berühmtheiten

Badespaß

In Neukölln schwimmen
Männer und Frauen getrennt

Entgegen der landläufigen Meinung, dass Türken eher wasserscheue Zeitgenossen sind, durfte – oder vielleicht sollte ich eher sagen: musste – ich in meiner Kindheit von April bis September tagtäglich meinen Vater ins Sommerbad Neukölln begleiten. Andere Jungs vertrieben sich dort die Zeit quietschvergnügt mit Sprüngen vom Beckenrand, während ich ohne echte Freude zunächst mehr schlecht als recht die gymnastischen Übungen meines *Baba* zu imitieren versuchte, um anschließend in einem Affenzahn in der Gischt meines vorauspreschenden Erzeugers zehn volle Bahnen zu durchkraulen. Ich erinnere mich leider allzu gut, dass meine hochnotpeinliche Aufwärmgymnastik von spöttischen Bemerkungen der anderen jugendlichen Badegäste begleitet wurde. Und diese mich ins Mark meines pubertierenden Stolzes treffenden Kommentare kamen zu meinem Leidwesen nicht nur von heranwachsenden Vertretern des männlichen Geschlechts ... Das Ganze erzähle ich nur, um zu beweisen, dass in den Neuköllner Badeanstalten der 1980er Jahre sehr wohl gemischtgeschlechtlich geplanscht wurde.

1914, bei der Eröffnung des in einem eindrucksvollen neoklassizistischen Gebäude untergebrachten Stadtbads Neukölln, war das noch anders. Da badeten Männlein und Weiblein brav voneinander getrennt. Vermutlich befürchteten die Bauherren, der Anblick unvollständig bekleideter Körper des jeweils anderen Geschlechts könnte das Aufkeimen fleischlicher Gelüste befördern und damit ihr äußerst ambitioniertes Konzept torpedieren. Dieses war nämlich eine pädagogisch wertvolle Kombination aus körperlicher Ertüchtigung, Körperhygiene und geistiger Erbauung – was der Grund dafür ist, dass unter dem Dach des Stadtbads Neukölln auch die Volksbibliothek logierte.

Die Betonung der Körperhygiene in Zusammenhang mit einer öffentlichen Badeanstalt mag uns heute, wo praktisch jede Wohnung ihr eigenes Badezimmer hat, fremd anmuten. In jener Zeit aber waren private Badezimmer für die meisten Berliner Bürger pure Science-Fiction – ein völlig undenkbarer und erst recht unerschwinglicher Luxus. Bis zu den Spaß- und Wellnessbädern der heutigen Generation war es noch ein weiter Weg. Das hatte nicht zuletzt damit zu tun, dass man im pflichtbewussten Deutschland lange Zeit keine rechte Freude an solch scheinbar zweckfreien Tätigkeiten wie Schwimmen und Planschen entwickelte. Ganz anders als heute war es auch keineswegs üblich, Kindern Schwimmunterricht zu geben. Das änderte sich erst, als die deutsche Regierung in der zweiten Hälfte des 19. Jahrhunderts imperialistische Gelüste entwickelte und zur Erreichung seiner neuen außenpolitischen Ziele die Marine ausbaute. Plötzlich erschien es sinnvoll, Soldaten auf Wassertauglichkeit zu trimmen, weshalb das Einbimsen von Brust- und Rückenschwimm-Fähigkeiten zu einem Teil der soldatischen Grundausbildung wurde. Ziemlich schnell scheint sich ab diesem Moment zunächst beim Militär, bald aber auch in der Zivilbevölkerung herumgesprochen zu haben, dass Schwimmen eine durchaus lustvolle und darüber hinaus sogar gesundheitsfördernde Tätigkeit sein kann. Binnen weniger Jahre schlug die Begeisterung für die neue Freizeitbeschäftigung so unerwartet hohe Wellen, dass die Stadt Berlin 1885 gezwungen war, das überhandnehmende und der Staatsraison zuwiderlaufende »wilde Baden« durch ein gezieltes Magistratsprogramm wieder in geregelte Bahnen zu lenken. Also baute man erst Fluss-, später immer mehr Hallenbäder, deren architektonische Krönung dann eben 1914 das Stadtbad Neukölln war. Ausgelegt auf bis zu 10.000 Besucher pro Tag war es nicht nur eine der modernsten und schönsten, sondern auch eine der größten Schwimmhallen Europas

und trug damit den Ruf der zu dieser Zeit noch eigenständigen Stadt
→ Neukölln in die große weite Welt hinaus.

Bei ihrer Planung hatten sich der Neuköllner Stadtbaurat Reinhold
Kiehl und sein Nachfolger Heinrich Best an antiken Thermenanlagen
orientiert und deshalb die Bauform von Tempeln und Basiliken übernommen. Das ist der Grund, warum das Stadtbad unter anderem sehr
detailverliebt mit kleinen Brunnen, Putten, Säulen, Wandelgängen,
Bildhauerarbeiten und Mosaiken ausgestattet wurde und daher mit
vollem Recht als Badetempel bezeichnet werden kann. Und auch nach
mehreren grundlegenden Überholungen, deren letzte 2009 stattfand,
ist und bleibt das Stadtbad Neukölln ein echtes Kleinod.

In der Publikumsgunst wurde es allerdings 1985, wenigstens vorübergehend, vom »Berliner Luft- und Badeparadies« abgelöst – ein
sperriger Name, der verständlicherweise nur in seiner abgekürzten
Form zu Ruhm und Ehren gelangte: Als eines der ersten deutschen
Spaßbäder neuer Machart sorgte das »Blub« bei seiner Eröffnung über
die Berliner Stadtgrenzen hinaus für Furore. Unvergessliche Slogans
à la »Berlin blubst vor Vergnügen« warben für damals Aufsehen erregende Attraktionen, die der heutigen Jugend wahrscheinlich nur ein
müdes Porunzeln entlocken würden. Nach der rauschenden Erfolgsgeschichte der ersten Jahre, geriet das Badeparadies gegen Ende des
letzten Jahrtausends unter anderem durch an den Becken ausgetra-
gene Revierkämpfe rivalisierender Jugendgangs sowie extrem hohe
Energiekosten in Image- und Finanzschwierigkeiten. Als dann 2002 die
Neuköllner Ratten sich weigerten, das sinkende Schiff zu verlassen,
und stattdessen die feuchtwarme Badelandschaft zunehmend als eigenes Bade- und Freizeitparadies nutzten, sah sich das Gesundheits-
amt gezwungen, den Betrieb vorübergehend zu schließen. Von diesem
Niederschlag erholte sich das angezählte Bad nicht mehr und gab im
Jahr darauf auf.

Legenden jedoch sterben nicht so schnell. Und vor allem nicht
kampflos. Inzwischen planen Investoren der ersten Stunde, das le-

Ein eindeutiger Beweis: Schon zu Zilles Zeiten haben Männer und Frauen zusammen gebadet, nur vielleicht nicht in Neukölln ...

gendäre Blub – dessen großzügige Saunalandschaft auch nach der Insolvenz weiter betrieben wurde – in naher Zukunft als »Ferienresort für Familien« neu am Markt zu positionieren. Eine ausreichende Zahl privater Geldgeber scheint dem Vernehmen nach bereits gefunden zu sein.

Aber Neukölln ist nicht nur aufgrund seiner prunkvollen Hallenbäder und ehemaligen – oder auch zukünftigen – Badeparadiese ein Eldorado für Wassersportler. Nein – und hier schlägt das Herz jedes heimatstolzen Neuköllners wieder einmal höher –, es besitzt auch mehr Frei- und Sommerbäder als Friedrichshain, Kreuzberg, Marzahn und Hellersdorf zusammen. Den letzten Satz können Sie gerne auch mehrmals lesen. Das bekannteste unserer Freibäder ist sicher das Columbiabad – eben jenes, in dem ich mich als kleiner Junge mit meinen öffentlichen Gymnastikübungen zum Horst machte. Auch hier gibt es, ähnlich wie vor einigen Jahren im Blub, inzwischen das ein oder andere Problem mit gewaltbereiten Jugendlichen. Aber nach gesicherten Erkenntnissen meines Nachbarn und Kiezexperten Pasulke ist ein regulärer Spaß- und Badebetrieb nach wie vor möglich und wird auch von jungen und nicht mehr ganz so jungen Neuköllnern weiterhin rege wahrgenommen. Von Männlein und Weiblein!

Bassal, Youssef → Multikulti → Sonnenallee
BBI → Dörferblick

Berühmtheiten

Neukölln hat keine Berühmtheiten hervorgebracht

Auf meine erstaunte Frage, welche Berühmtheiten Neukölln denn bislang hervorgebracht habe, antwortete mein Verleger grinsend: »Na, Sie zum Beispiel, Herr Topal.« Klar, ich will nicht lügen, der Satz pinselte mich bauch. Aber unter »Berühmtheiten« verstehe ich doch schon etwas anderes. Nur weil mich inzwischen der ein oder andere Comedyfan kennt, was mich natürlich sehr freut, bin ich leider noch lange kein Star.

Aber schon nach kurzem Nachdenken fiel mir jemand ein der sowohl aus →Neukölln stammt als auch wirklich berühmt ist; ein sehr geschätzter Kollege und bundesweit bekannter Medienstar, aufgewachsen zwar im Wedding, geboren aber – und das ist, was zählt! – in Neukölln. Wenn ich jetzt Alexander Bojcan sage, fragt der ein oder andere Leser bestimmt: »Hä? Wie, Berühmtheit? Willste mir uffn Arm nehmen?« Aber sein Alias Kurt Krömer kennt sicher jeder. Als echter Neuköllner bleibt er auch im Erfolg der alten Heimat verbunden und engagiert sich durch offensive finanzielle Unterstützung sozialer Projekte im »Körnerkiez«, unter anderem mit einer jährlich stattfindenden Benefizgala, die den wunderbaren Titel trägt »Pimp my Ghetto«.

Und weil mein Hirn gerne assoziativ arbeitet, kam mir über den Vornamen »Kurt« prompt noch eine zweite überregional bekannt gewordene Kiezgröße in den Sinn: Frank Zander. Vor allem wegen seiner Hits »Oh Susi« und – jetzt kommt die Assoziation – »Hier kommt Kurt« in allgemeiner Erinnerung geblieben. Aufgewachsen ist er am Karl-Marx-Platz und sein soziales Engagement steht dem von Kurt

Krömer in nichts nach. Bereits seit 1993 kümmert er sich um Berliner Obdachlose. Eine Arbeit, die an Weihnachten in einem im Neuköllner Estrel-Hotel stattfindenden Festmahl gipfelt. Bis zu 2.500 Bedürftige bewirtet Frank Zander dort jedes Jahr. Völlig zu Recht, wie ich finde, wurde er dafür 2008 von den Lesern einer Berliner Tageszeitung zum »Berliner des Jahres« gewählt.

Das war es dann aber auch schon gewesen. Der Versuch, meinem leeren Hirn durch weitere Assoziationsketten auf die Sprünge zu helfen, blieb vergeblich. Bei Zander fiel mir nur Makrele ein, bei Frank Frei und bei Krömer spuckten meine Ganglien nur → **Döner** aus. Von weiteren Neuköllner Berühmtheiten konnte keine Rede sein. Und dass mein Verleger auf meine erneute Nachfrage wieder nur mit dem Namen »Topal« kam, habe ich persönlich genommen. Vergackeiern kann ich mich alleine. Also setzte ich mich vors Internet und kugelte. Ich staunte nicht schlecht, als ich sah, wer so alles aus Neukölln den Sprung in die große weite Welt des Entertainments geschafft hat.

Eher Insidern und leidenschaftlichen Filmfans (wie mir) ist wahrscheinlich der in → **Rixdorf** geborene Kameramann Robert Baberske bekannt, der sein Talent in viele bedeutende Filme der 1950er Jahre einbrachte. Ein Meister seines Fachs, nur eben keine Berühmtheit im landläufigen Sinne. Eine Erwähnung hat er aufgrund seines Könnens dennoch unbedingt verdient.

Aber keine Sorge, ich habe auch echte Knaller zu bieten, zuvor aber noch eine kleine Beobachtung am Rande: Beim Stöbern in den Annalen der → **Rütli-Schule** fiel mir auf, dass die beiden derzeit prominentesten Rütli-Absolventen der Kriminal-Schriftsteller Horst Bosetzky alias -ky und der als Kaufhauserpresser Dagobert bekannt gewordene Arno Funke sind. Beide verbindet, dass sich bei ihnen eine lebhafte kreative Phantasie mit einer mehr oder weniger stark ausgeprägten Sympathie für kriminelles Verhalten paart. Vielleicht, schoss es mir kurz durch den Kopf, ist diese Kombination ja typisch für den Neuköllner? Ich denke mal in Ruhe drüber nach.

Aber ich hatte ja Knüller versprochen.' Zum Beispiel diesen: Inge Meysel, die langjährige »Mutter der Nation«. Sie ist 1910 als Tochter eines jüdischen Tabakhändlers und seiner dänischen Frau in Rixdorf zur Welt gekommen – also zu einer Zeit, als der Ort unsinnigerweise versuchte, seinen in ehrlicher Arbeit hart erworbenen schlechten Ruf abzulegen. Bei ihr wäre ich nicht einmal darauf gekommen, dass sie aus Berlin ist, geschweige denn aus unserem Kiez. So wenig hörte man den Spree-Zungenschlag bei ihr in späteren Jahren noch heraus.

Was man von dem gleichfalls in Neukölln geborenen und direkt neben den Tempelhofer Ufa-Studios groß gewordenen Günter Pfitzmann nicht behaupten kann. Dieser kantige Kabarettist und Schauspieler, der sich selbst gerne als »Mann mit den vier Bypässen« verulkte und trotzdem immerhin neunundsiebzig Jahre alt wurde, ist zeitlebens eine Ur-Berliner Pflanze geblieben und wurde auch als solche wahrgenommen. Obwohl er einer der Gründungsväter des legendären Berliner Kabaretts »Die Stachelschweine« war und in ungezählten Kinofilmen mitspielte, kennen die meisten ihn heute sicher vor allem aus seinen beiden erfolgreichen TV-Serien »Drei Damen vom Grill« und »Praxis Bülowbogen«. Letztendlich verkörperte er dort das, was er anscheinend auch in der privaten Wirklichkeit war: Ein knorriger Berliner mit Schnauze und Herz.

»Er gehört zu mir, wie mein Name an der Tür« – den Refrain ihres heute noch auf jeder zweiten Schwulenparty laufenden großen Hits, den sie 1975 bei der deutschen Vorentscheidung des inzwischen durch Lena zum patriotischen Volksvergnügen gewordenen »Eurovision Song Contest« präsentierte, könnte Marianne Rosenberg auch dem Neuköllner Ortsteil Britz widmen. Denn hier verbrachte sie mit ihren Eltern und sechs (!) Geschwistern ihre Kindheit. Ihr 2001 verstorbener Vater Otto Rosenberg war als einer der wenigen Ausschwitz-Überlebenden langjähriges Vorstandsmitglied des Zentralrates Deutscher Sinti und Roma. Schon mit vierzehn begann ihre bis heute anhaltende Sangeskarriere, als sie einen Talentwettbewerb gewann und anschließend mit ihrer ersten Single »Mr Paul McCartney« gleich in den Hitparaden landete. Nach ihren zahlreichen Schlager-Knallern wie »Marleen«, »Er ist nicht wie Du« oder »Fremder Mann« ist sie in den letzten Jahren mit einem anspruchsvollen und sowohl sehens- als auch hörenswerten Chanson- und Jazz-Repertoire unterwegs.

»Du gehörst zu mir« landete bei der deutschen Grand-Prix-Vorentscheidung übrigens auf dem zehnten von zwölf Plätzen. Während Marianne Rosenbergs Ohrwurm trotz dieser Pleite monatelang die Charts aufmischte, schickte die Jury lieber Joy Flemings »Ein Lied kann eine Brücke sein« zum Song Contest, der 1975 in Stockholm stattfand – wo die Brücke eine Krücke war. Drittletzter Platz, niederschmetternde fünfzehn Punkte, davon mehr als die Hälfte von der anerkannten Musik-Großmacht Luxemburg gespendet, als offensichtliche Gegenleistung für die unaufhörlich aus Deutschland ins Land schwappenden Schwarzgelder. Gleich fürfzehn der abstimmungsberechtigten neunzehn Teilnehmerländer zogen es dagegen vor, uns mit null Punkten abzustrafen. Weiterer Kommentar zu den Fähigkeiten sogenannter Fachjurys überflüssig.

Unbelehrbare Neukölln-Disser höre ich an dieser Stelle sagen: »Womit will der Türk' hier eigentlich Eindruck schinden? Das sind doch alles B-Promis, verblasste Sterne, keiner weiteren Erwähnung wert.« Gemach, Gemach, liebe Kritikerelche. Den absoluten Oberknaller habe ich mir selbstverständlich für den Schluss aufgehoben. Denn Neukölln hat, wie könnte es anders sein, auch einen waschechten Weltstar hervorgebracht. Ich sage nur: Horst Buchholz. Dieser unverschämt gut aussehende Kerl war, sowohl was sein Standing bei der Damenwelt als auch was seine Bedeutung als Schauspieler angeht, so etwas wie der George Clooney der 1950er und 1960er Jahre. Seine Filmografie umfasst solch gigantische Erfolge wie »Die Halbstarken« (1956), »Bekenntnisse des Hochstaplers Felix Krull« (1957), »Die glorreichen Sieben« (1960), »Eins, zwei drei« (1961), »Neun Stunden bis zur Ewigkeit« (1963) und die Arbeit mit legendären Regisseuren wie Billy Wilder, John

Sturges, Helmut Käutner, Mark Robson und Joshua Logan. Und das ist nur ein klitzekleiner Ausschnitt seines weit über fünfzig Kinofilme umfassenden Lebenswerkes.

Also, ihr Neukölln-Miesmacher: immer schön zurückhaltend bleiben. Und, lieber Herr Verleger, was meinen Status als Neuköllner Berühmtheit angeht: In zehn Jahren sprechen wir uns wieder.

Was weitere Promis mit Neukölln verbindet:

- Heinz Buschkowsky: Der Neuköllner Bürgermeister wurde 1948 in dem Bezirk geboren.
- Erich Mühsam: Von 1927 bis 1933 wohnte der Dichter und Publizist in der Dörchläuchtingstraße 48 in der Hufeisensiedlung.
- Jutta Limbach: Die frühere Präsidentin des Bundesverfassungsgerichts ist 1937 in Neukölln geboren und dort aufgewachsen.
- Franziska van Almsick: Die mehrfache Europa- und Weltmeisterin im Schwimmen trainierte ab 1996 bei der SG Neukölln Berlin.
- Günter de Bruyn: Der Schriftsteller wuchs in Neukölln auf.
- Bushido: Der Rapper wurde im März 2010 in Neukölln von drei Jugendlichen bedroht.

Borscht

Die russische Suppe gilt auch
in Neukölln als Delikatesse

Rote Bete fand ich schon als Kind schrecklich. Obwohl sich der Geschmack eines Menschen im Laufe seines Lebens ja verändern soll, hat sich bei mir in dieser Hinsicht in all den Jahren nichts getan – und wird sich wohl auch nichts mehr tun. Es sei denn, Rote Bete wird von der UNESCO auf die Liste der schützenswerten Lebensmittel gesetzt. Dann würde mich mein angeborener Trotzkopf sicher zwingen, in einem Akt gelebten Widerstandes die Restbestände dieser Anti-Delikatesse zu vertilgen. Bis dahin kann ein Eintopf, dessen Hauptbestandteil die roten Knollen sind, mich definitiv nicht aus der Reserve locken. Womit nichts gegen osteuropäische Eintopf-Rezepturen gesagt sein soll. Soljanka zum Beispiel: Mmmhhhh, lecker. Da läuft mir schon beim Tippen des Wortes das Wasser im Mund zusammen.

Jedenfalls kann ich von Glück sagen, dass Borscht – beziehungsweise Borschtsch, wenn man es so schreiben will, wie es gesprochen wird – kein integraler Bestandteil der Neuköllner Küche ist und meine Mutter daher nie auf die Idee kam, uns Kindern dieses Gericht vorzusetzen. Unsere *Anne*, die stolz darauf war und ist, »orijinal jebürtije Berlinerin« zu sein, verwöhnte ihren Nachwuchs nämlich, man kann es sich denken, vorwiegend mit bodenständigen Brandenburger Rezepturen. Als da sind, deftige Buletten mit Stampfkartoffeln, Bratkartoffeln mit Spiegelei und ähnliche, vielleicht nicht besonders raffinierte, aber umso wohlschmeckendere Gerichte, die allerdings einer geschickten und kräftigen Würzmischung bedürfen. Und im Würzen war meine Mutter eine wahre Meisterin. Sobald ich meinen ersten ei-

Borscht-Rezept für vier Personen:

600g Rote Bete
100g Zwiebeln
1 Stange Staudensellerie
1/3 Kopf Weißkohl
2 Knoblauchzehen
3 EL Pflanzenöl
1,5 Liter Fleischbrühe
2 EL Zitronensaft
Salz, Pfeffer aus der Mühle
200g saure Sahne oder
Crème fraîche

Zwiebeln, Knoblauch, Rote Bete, Sellerie und Kohl in kleine Würfel schneiden. Öl erhitzen, Zwiebeln und Knoblauch glasig dünsten, Gemüse zugeben und anschwitzen, Brühe und Zitronensaft dazugeben, kräftig salzen und pfeffern. Zugedeckt 30 bis 35 Minuten köcheln lassen, abschmecken. Die saure Sahne entweder unterrühren oder direkt auf die gefüllten Teller geben.

genen Haushalt bewirtschaftete und zum Essenfassen die Beine nicht mehr bequem unter Muttis Küchentisch strecken konnte, änderten sich meine Essgewohnheiten darum radikal. Jedes Mal, wenn ich mich in meiner sogenannten Küche, deren Größe die einer Hundehütte kaum überschritt und deren spartanische Einrichtung heutige Fernsehköche an den Rand eines Nervenschocks bringen würde, an den von daheim bekannten Lieblingsgerichten probierte, hatte ich am Ende ein fades Etwas auf dem Teller, dessen stets reichhaltigen Rest ich genauso schnell wie enttäuscht im Müllschlucker entsorgte. Egal, wie oft ich es probierte und wie zunehmend verzweifelt ich die Würzgeheimnisse meiner Erzeugerin und ursprünglichen Ernährerin zu entschlüsseln versuchte: Es wurde einfach nicht besser. Wie meine erste Freundin so treffend zu sagen pflegte: Von mir bekocht zu werden, war Hochverdruss statt Hochgenuss. Also stellte ich meine Ernährung, vor der offensichtlichen Tatsache meines mangelnden Kochtalentes resignierend, nach einigen Monaten fortgesetzten Frustes konsequent um. Auf Tiefkühlpizza, Spaghetti mit Ketchup, Dosen-Ravioli und Brat-

klopse amerikanischer Schnellessen-Chains. Aufgrund meiner ein-
geschränkten Essgewohnheiten verwundert es wahrscheinlich nicht,
dass mir das Wort »Borschtsch« viele, viele Jahre lang gar kein Begriff
war. Bis ich irgendwann so um 2001 herum bei einem Einkaufsbummel
auf der → Karl-Marx-Straße rein zufällig in Dreharbeiten mit einem
Schlapphut und Trenchcoat tragenden Philipp-Marlowe-Wiedergänger
geriet. Damals war ich noch im Polizeigeschäft, weshalb ich natürlich neugierig stehen blieb und auf Nachfrage erfuhr, dass hier eine
Internet-TV-Serie aufgezeichnet wurde, die den eigenwilligen Titel
»Borscht« trug.

Das kam mir alles sehr seltsam vor, aber meine legendäre Neugier war geweckt. Kaum zu Hause, googelte ich den Begriff und stellte
zu meiner Überraschung fest, dass Borscht ein vor allem in Polen,
Galizien, Weißrussland, der Ukraine und Russland sehr beliebtes Ein-
topfgericht ist. Das verblüffte mich. Was hatte ein slawischer Eintopf
mit einer nach Chandler-Manier gestylten Detektivfigur zu tun? Und
wo war diese ominöse Internet-TV-Serie überhaupt zu sehen? Auf meinem Desktop jedenfalls nicht. Zu meiner großen Enttäuschung konnte das von mir bis zu jenem Moment für allwissend gehaltene World
Wide Web keine dieser Fragen beantworten. Zum Glück habe ich als
Polizist gelernt, nicht nur neugierig, sondern auch hartnäckig zu sein.
Über eine Stunde später stieß ich nach dem Durchforsten des zigs-
ten Sucheintrages dann doch auf eine kleine Zeitungsnachricht, in der
der Start einer Online-Krimi-Serie namens »Borscht« für Ende 2001
angekündigt wurde. Mastermind des Projektes sollte ein gewisser in
Neukölln lebender Norbert Kleemann sein. (→ Neukölln TV) Na, dann
los, dachte ich mir, wofür gibt es Telefonbücher? (Nein, Leute, da bin ich
konservativ: Telefonnummern recherchiere ich in den schönen dicken
Wälzern, die ich in regelmäßigen Zeitabständen von der Post abhole
und nach Hause buckle. Sollte ich dort nicht finden, wen ich suche, rufe
ich ganz altmodisch die Telefonauskunft an. Telefonnummern online
suchen kommt mir nicht in die Tüte. Ich weiß, dass das unlogisch ist.

Borscht beim verdeckten Einsatz an der Sonnenallee.

Nachfragen zwecklos: Erklärung nicht vorhanden!) Ich blätterte also ein wenig in dem dicken Wälzer und rief dann den erstbesten im Telefonbuch stehenden Norbert Kleemann an – und landete gleich einen Treffer. Das Mastermind himself war an der Strippe. Es freute sich über meinen Anruf und lud mich zum Kaffee in sein Treptower Büro ein.

Um meine kribbelnde Neugier zu befriedigen, ist mir kein Berg zu hoch, kein Weg zu weit und kein Bezirk zu abwegig, und so machte ich mich auf die Socken nach Treptow. In einem sehr ergiebigen und lustigen Gespräch erfuhr ich, dass Borscht nicht nur der Name der Serie, sondern auch der Hauptfigur war – einem völlig durchgeknallten Detektiv, der in noch viel durchgeknallteren Fällen ermittelt. Glauben Sie nicht? Hier die Schilderung einer typischen Borscht-Szene: Borscht verschlägt es beim WM-Finale Deutschland-Türkei auf die Freie Tankstelle des Exsöldners Marek Marotzke und seiner Frau Sanella Dort haben gerade, nach einem völlig missglückten Geldtransporter-Überfall, die Gangster Quattro und Mcmo Unterschlupf gefunden. Während sich Borscht auf den ersten Blick unsterblich in Sanella verliebt und die Fernsehzuschauer gespannt das Spiel verfolgen, eskaliert die Situation, als die Türkei unerwartet in Führung geht. Plötzlich fliegen Steine und die ersten Autos explodieren. Der Einzige, der davon nichts mitbekommt, ist Borscht ...

Herrlich, oder? Können Sie sich vorstellen, dass es möglich ist, eine solch verzwickte Geschichte in eine unter vier Minuten dauernde TV-Folge zu packen? Ich konnte das nicht. Als ich dann aber beim Online-Start der Serie die erste Folge sah, merkte ich: es geht. Und wie! Anders als vom gleichnamigen Eintopf – den ich bis heute noch nicht einmal gekostet habe – konnte ich von dieser abgedrehten Krimiserie nicht genug bekommen und verschlang jede Woche gierig die neue Fortsetzung. Wobei Fortsetzung hier vielleicht das falsche Wort ist. Da man eh nie so richtig versteht, worum sich die Geschichten drehen, gibt es auch nichts, was sich in der nächsten Folge fortsetzen ließe. Aber darum geht es auch gar nicht. Gerade diese Durchgedrehtheit machte und macht die Web-Serie ja so reizvoll. Jedenfalls bin ich offensichtlich nicht der einzige Fan, denn 2002 gewannen »Borscht« und seine Macher den renommierten Grimme-Online-Award. Kurz danach erschienen zwei Bücher mit Fällen des schrägen Detektivs. Nach einem kurzen Ausflug auf die Bühne des Saalbaus Neukölln war dann eines Tages plötzlich Schluss mit den wunderbar kuriosen Kriminalfällen. Warum, liebes Superhirn? Norbert Kleemann, falls Sie diese Zeilen lesen sollten: Ich habe großen Appetit auf einen kräftigen Nachschlag Borscht – und damit meine ich definitiv nicht das seltsame osteuropäische Gericht ...

Bosetzky, Horst → Berühmtheiten

Bowie, David

Der Star lebte in den 1970ern
zeitweilig in Neukölln

Rockmusik ist nicht wirklich meins. Und als David Bowie Mitte der Siebziger seine größten Erfolge feierte, wechselte meine Mutter mir noch die Windeln. Dennoch ist selbst einem bekennenden Rock-Ignoranten wie mir geläufig, dass das »musikalische Chamäleon«, als das einfallslose Musik-Journalisten den zu jener Zeit schwer drogenabhängigen Künstler gern bezeichneten, eine gewisse Zeit Berlin zu seiner Wahlheimat erkoren hatte. Und zwar zusammen mit seinem an der Nadel hängenden Kumpel Iggy Pop. Ausgerechnet in der besonders während der Herbst- und Wintermonate so düster und depressiv wirkenden Frontstadt wollten die beiden Rocklegenden von ihrer Sucht loskommen und neuen Lebensmut schöpfen. Auch wenn diese Idee heute wie damals komplett aberwitzig klingt (Bowie selbst bezeichnete Berlin in einem späteren Interview als »Welthauptstadt des Heroins«) und wahrscheinlich nur in einem völlig drogenumnebelten Hirn geboren werden konnte: Zumindest in kreativer Hinsicht funktionierte die bizarre Spezialtherapie bei David Robert Haywood-Jones aka Bowie perfekt. In den drei Berliner Jahren des britischen Chamäleons entstanden von 1976 bis 1978 mit »Low« und »Heroes« nicht nur künstlerische Höhepunkte seiner Diskografie, sondern er brachte als Darsteller in Filmen wie »Der Mann, der vom Himmel fiel« und »Just a Gigolo« auch seine später ziemlich erfolgreich verlaufende Filmkarriere ins Rollen. Interessanterweise ist übrigens »Just a Gigolo«, ein eher mäßiger und zu Recht praktisch vergessener Streifen, gleichzeitig der letzte Film einer echten Berliner Pflanze und Ikone. Ich rede hier von Marlene

Dietrich. Die lebte allerdings genauso wenig jemals in → Neukölln wie Bowie. Geboren wurde die große Diseuse und Schauspielerin nämlich in Schöneberg – und genau dorthin verschlug es auch unsere beiden Music Heroes. Pop und Rock, sorry: Bowie, fanden eine Vier-Zimmer-Altbauwohnung in der Hauptstraße 155 (anderen Quellen zufolge bezog David Bowie diese Wohnung alleine, während Iggy Pop mit einer kleineren Bude im Hinterhaus desselben Hauses vorlieb nehmen musste. Irgendwie scheint sich die Wahrheit aufgrund der durch mannigfaltige chemische Substanzen getrübten Erinnerung nicht mehr zweifelsfrei rekonstruieren zu lassen). Der Legende nach gab es für den »Space Oddity«-Star neben dem Wunsch nach einem drogenfreien Leben aber auch einen romantischen Anlass für den Umzug nach Deutschland: die Liebe zu dem damaligen Berliner Travestie-Star Romy Haag. Da Bowie sein schwules beziehungsweise bisexuelles Image damals PR-technisch ziemlich ausschlachtete, spielte bei der Wahl der Unterkunft in der »Stadt voller Bars für traurige und enttäuschte Menschen« (so Bowie in einem anderen Interview) sicher auch die unmittelbare Nachbarschaft zu der in den 70er Jahren ungeheuer angesagten Schwulenkneipe »Zum anderen Ufer« (heute »Neues Ufer«) eine Rolle.

Wie aber kam es zu dem Gerücht, der Star habe sich in Neukölln einquartiert? Das lässt sich recht leicht rekonstruieren: 1977 veröffentlichte Bowie »Heroes«, die zweite Platte seiner später sogenannten »Berlin-Trilogie«. Glaubt man der nahezu unfehlbaren Internet-Musik-Enzyklopädie allmusic.com, entwickelte die LP die musikalischen Innovationen weiter, die Bowie und sein künstlerischer Berater Brian Eno auf »Low«, dem ersten Teil der »Berlin Trilogie,« ausgetüftelt hatten. Wie »Low« besteht »Heroes« zur einen Hälfte aus eher traditionellen Rocksongs und zur anderen Hälfte aus Instrumentalstücken, die offensichtlich von deutschen Elektronikmusikern à la »Kraftwerk« und »Can« inspiriert sind. Eines dieser Instrumentals trägt den schönen Titel »Neuköln«. Fragen Sie mich jetzt bitte nicht, wo das zweite »l« geblieben ist. Eventuell wurde es als Gegenwert für eine kräftige Prise Schnee verkauft. Aber trotz der respektlosen Verhunzung unseres Bezirksnamens war jedem klar, dass es sich bei dem Stück um eine Hommage an den fast gleichnamigen Berliner Stadtteil handelte. Also dachten offenbar viele: Wer so schwach in Orthographie ist, cer muss in Neukölln Quartier bezogen haben.

Mehr als dreißig Jahre später ist von der damals als »Meilenstein der Rockmusik« bejubelten LP vor allem das Titelstück übrig geblieben. »Heroes«, zweifelsohne einer von Bowies größten Hits, thematisierte mit großem textlichen Pathos das damalige Wahrzeichen der geteilten Stadt: die Mauer.

I can remember standing by the wall
And the guns shot above our heads
And we kissed as though nothing could fall
And the shame was on the other side
Oh we can beat them for ever and ever
Then we can be Heroes just for one day

So heißt es in dem Lied, in dem Bowie nach eigenen Angaben unter anderem Eindrücke des Expressionismus, besonders des Gemäldes von Peter Müller »Liebespaar zwischen Gartenmauern« von 1916 verarbeitete. Dazu fällt mir nur ein: Aha!

Mit »the other side« und »them« war natürlich »drüben« gemeint, also die DDR (in Anlehnung an die sächsische Aussprache, die daraus ein »Dädäär« machte, pflegten wir das Staatskürzel in meiner Schulzeit als »Täterä« zu verballhornen). Wahrscheinlich, weil Angelsachsen musikalisches Pathos – vielleicht wegen der pompös-schwülstigen Werke Richard Wagners – gerne mit deutscher Sprache assoziieren, kam der Produzent des Werkes, Tony Visconti, auf die reichlich fragwürdige Idee, Bowie das Lied auch in einer deutschen Version e nsingen zu lassen. Und das, obwohl der Sänger, wie man unschwer hört, keinerlei Gefühl für die deutsche Sprache hat und sein kauderwelschiges Geknödel nur eines vermittelt: unfreiwillige Komik. Diese entsteht allerdings nicht nur durch den schrecklichen Gesang, sondern auch und wegen der grotesken Übersetzung des Originaltextes. Ich weiß nicht, wie Sie die oben zitierte Strophe übersetzen würden. Bowies Übersetzerin löste diese Aufgabe jedenfalls so:

Ich, ich glaub das zu träumen
die Mauer im Rücken war kalt
Schüsse reißen die Luft
Doch wir küssen als ob nichts geschieht
Und die Scham fiel auf ihre Seite
Oh, wir können sie schlagen für alle Zeiten
Dann sind wir Helden, nur diesen Tag

Persönlich gefällt mir die Eindeutschung der Zeile »The shame was on the other side«, am besten, die ja im englischen Original sinngemäß meint, dass die Schande für die Schüsse auf der anderen Seite, also hinter dem »Eisernen Vorhang«, liege. Ob das mit der Aussage »Und die Scham fiel auf ihre Seite« treffend beschrieben ist, überlasse ich Ihrer persönlichen Einschätzung. Dass Schüsse die Luft einfach so reißen, ist mir davon ganz abgesehen jedenfalls neu. Aber mal im Ernst, wie kommt solch ein Nonsense zustande? Ganz einfach. Zunächst braucht man einen Produzenten, der seiner deutschen Geliebten unbedingt einen Job zuschanzen möchte. Sehr wichtig ist, dass die deutsche Geliebte kein Englisch können darf und der Künstler kein Deutsch. Voilà. Nun mixt man all diese Zutaten zusammen und schon hat man als Ergebnis den oben zitierten hanebüchenen Unsinn, den Bowie trotzdem zigtausendfach in alle Welt verkaufte. Sie glauben, diese Konstellation habe ich mir ausgedacht, um witzig zu sein? Keineswegs! So ist es (leider) tatsächlich gewesen. Die eigentliche, fast tragische Pointe der Geschichte ist, dass die übersetzende Producer-Geliebte zu naiv war, Urheberrechte an der deutschen Version geltend zu machen. So hat sie dem Vernehmen nach nie einen Cent für ihr gut verkauftes Meisterwerk dadaistischer Poesie gesehen.

Der unscheinbare Altbau in der Hauptstraße 155 jedenfalls, um zum Thema zurückzukommen, steht noch und ist seit damals nicht schöner geworden. Immerhin beherbergt das Gebäude zurzeit so charmante Gewerbe wie eine Zahnarztpraxis und ein Tattoo-Studio – wer unbedingt will, kann hier den Kreis schließen und den assoziativen Bogen zu den Spritzen und Nadeln der »Welthauptstadt des Heroins« spannen ...

Britz → Berühmtheiten → Neukölln

Britzer Mühle

In Neukölln gibt es keine Handwerkstradition

Machen wir es kurz: Das ist eine glatte Lüge. Am Rande des Britzer Gartens (➜ Pflanzen) zum Beispiel steht eine 146 Jahre alte, zwölfeckige Holländermühle, deren ursprüngliche Holzflügel zwar 1988 aus technischen Gründen durch eine Holz-Stahlblech-Konstruktion ersetzt werden mussten, die aber ansonsten noch voll funktionsfähig ist. Und nicht nur das. In der »Britzer Mühle« (nach einem ihrer ehemaligen Besitzer von Einheimischen gelegentlich auch »Stechhan'sche Mühle« genannt) wird seit über zwanzig Jahren bei ausreichendem Wind wieder Mehl hergestellt, das zu Brot verbacken und im mühleneigenen Restaurant serviert wird. Der Britzer Müller-Verein bildet sogar regelmäßig Diplom-Windmüller aus. Um den Kursteilnehmern nach zwei Jahren Ausbildung die Prüfung abzunehmen, reist eigens eine holländische Prüfungskommission nach ➜ Neukölln. Ganz schön viel Aufwand, wenn man bedenkt, dass es sich für die Auszubildenden trotz der ausführlichen Beschäftigung mit Transportschnecken, Mahlsteinen und Sackklemmen (nein, das sind KEINE Accessoires für SM-Praktiker!) am Ende um ein Hobby und keineswegs um einen echten Ausbildungsberuf handelt.

Dennoch werden die Hobby-Diplom-Müller dringend gebraucht. Allerdings weniger, um Mehl zu mahlen, sondern um die noch existierenden Mühlen in Schuss zu halten. Zu tun gibt es in dieser Hinsicht nicht nur in Britz mehr als genug. Von einst über 5.000 Mühlenstandorten in Berlin und Brandenburg stehen inzwischen zwar nur noch weniger als ein Fünftel – aber auch das ist noch eine reichliche Menge.

In der romantisch-nostalgischen Britzer Mühle kann seit einiger Zeit sogar der Bund fürs Leben geschlossen werden. Nach der standesamtlichen Ehebeurkundung wird das Brautpaar von der Müllerin »vermehlt«, was mit einer »offiziellen Vermehlungsurkunde« besiegelt wird. Anschließend müssen die frisch »Vermehlten« (Sie haben das Prinzip jetzt verstanden, oder?) ihre erste gemeinsame Schwierigkeit meistern und die Mühle in Gang setzen. Gelingt dies, ist das ein Zeichen für einen glücklichen Eheverlauf und das Paar darf das erste gemeinsame Mühlenbrot aus windgemahlenem Mehl teilen. Wenn nicht, nun ja ... in diesem widrigen Fall bleibt einem als kleines Trostpflaster nur, den hoffentlich trotzdem optimistisch bleibenden Brautleuten den traditionellen Müllergruß zu entrichten: »Glück zu!«

Britzer Tunnel

Den Britzer Tunnel gruben die Amerikaner
im Kalten Krieg zu Spionagezwecken

Sollten Sie demnächst zufällig in eine Abendgesellschaft geraten, bei der auch Mitglieder des amerikanischen oder britischen Geheimdienstes zugegen sind, erwähnen Sie bitte unter keinen Umständen die Vorfälle vom 24. April 1956. Sonst stürzt die Partystimmung so zuverlässig ab wie eine polnische Präsidentenmaschine. Dieser den Wetteraufzeichnungen zufolge ziemlich kühle Frühlingsdienstag erwies sich als einer der blamabelsten Tage in der Historie des Secret Intelligence Service (SIS), James-Bond-Fans sicher besser bekannt unter seinem Zweitnamen MI6. Mit einigem Erstaunen hatte die Berliner Journaille am Tag zuvor zur Kenntnis genommen, dass die Sowjets nach Treptow zu einer Pressekonferenz im Freien (!) geladen hatten. Vor Ort wurde ihnen der Grund für die ungewöhnliche Einladung schnell klar. Mit einer dem angeblich so skandalösen Vorfall durchaus angemessenen Empörung, aber dennoch nicht ohne Häme und Triumph in der Stimme präsentierte ein sowjetischer Presseoffizier den verblüfften Reportern einen insgesamt gut 600 Meter langen und mit modernsten Abhörgeräten ausgestatteten Tunnel. Dieser führte von einer südlich der Rudower Höhe stehenden amerikanischen »Radarstation« bis zur Schönefelder Chaussee in Altglienicke. Es handelte sich ganz offensichtlich um ein Gemeinschaftswerk des britischen und des amerikanischen Geheimdienstes, das mit dem Ziel gebuddelt worden war, die zwischen Zossen-Wünsdorf, dem Hauptquartier der in Deutschland stationierten sowjetischen Streitkräfte, und Moskau verlaufenden Telefonkabel anzuzapfen.

Im Rahmen ihrer denkwürdigen Open-Air-Pressekonferenz behaupteten die Sowjets, den schändlichen Spionage-Tunnel erst zwei Tage zuvor und rein zufällig bei routinemäßigen Wartungsarbeiten am Ost-Berliner Telefonnetz entdeckt zu haben. Dies war, sagen wir mal, bestenfalls ein mikroskopisch kleiner Teil der Wahrheit – sofern Geheimdienstler im Zuge ihrer ständigen Desinformationskampagnen so banale Dinge wie Wahrheit und Unwahrheit überhaupt noch unterscheiden können.

In Wirklichkeit hatte einer der besten Männer des KGB, der britische Doppelagent George Blake, seine östlichen Auftraggeber bereits Anfang 1954 über den von seinen westlichen Dienstherren geplanten Stollen informiert. Blake, ein wahrhaft schillernder Charakter, warb in den Anfängen seiner Karriere osteuropäische und asiatische Agenten für den Geheimdienst Ihrer Majestät an, bis er während des Korea-Krieges für drei Jahre in nordkoreanische Gefangenschaft geriet. Nach seiner Freilassung erschien er seinen britischen Geheimbossen trotz des langen Aufenthaltes in der feindlichen Einflusssphäre unverändert vertrauenswürdig, weswegen man beschloss, ihn in die Frontstadt des Westens, Berlin, zu schicken. Dort sollte er sich zum Schein von den Russen anwerben lassen, um dann direkt aus der Schaltzentrale der kommunistischen Weltverschwörung berichten zu können. Ein prima Plan, der allerdings einen klitzekleinen Webfehler hatte: Blake war nämlich während seiner nordkoreanischen Gefangenschaft zum Kommunismus konvertiert – ob freiwillig oder durch Gehirnwäsche scheint sich nicht mehr herausfinden zu lassen. Statt also den Briten beim Five-O'-Clock-Tea Informationen über den KGB zu stecken, verriet er hunderte Details von SIS-Agenten sowie die Identität der von ihm selbst in Osteuropa angeworbenen Agenten an die Sowjets. Blake wurde erst 1959 durch einen anderen Überläufer, den Polen Michal Goleniewski, enttarnt. 1961 verurteilte ihn ein britisches Gericht zu der bis dahin zweithöchsten Gefängnisstrafe, die jemals in England verhängt wurde. Zweiundvierzig Jahre sollte er absitzen, angeblich ein Jahr für jeden der durch seine Informationen aufgeflogenen und getöteten britischen Agenten.

So weit, so interessant. Allerdings war dies nur der Auftakt zu dem wirklich filmreifen Teil seines Lebens. Nachdem er fünf Jahre in einem Knast mit dem absonderlichen Namen Wormwood Scrubs (den ich in etwa mit »Beifuß scheuert« übersetzen würde. Keine Ahnung, ob das ein subtiler Hinweis auf eine dort angewandte heimtückische Foltermethode ist) eingesessen hatte, wurde Blake offenbar klar, dass er auf keinen Agentenaustausch hoffen konnte. Also nahm er die Sache selbst in die Hand und plante gemeinsam mit drei anderen Häftlingen den Ausbruch. Hintermännern gelang es, Walkie-Talkies ins Gefängnis zu schmuggeln. Ein derart modernes Hightech-Gerät besaßen damals weder Polizei noch Gefängnisverwaltung, so dass Blake, in seiner Zelle auf der Pritsche liegend, völlig ungestört mit seinen Co-Verschwörern kommunizieren konnte. An einem regnerischen Sonntag schwänzten sie verabredungsgemäß eine knastinterne Filmvorführung und stahlen sich unbemerkt aus einem Fenster in den Gefängnishof. Ein mittels der Handfunke dirigierter Komplize warf eine mit Stricknadeln verstärkte Strickleiter (da macht der Name mal richtig Sinn) über die Außenmauer und schon kletterten sie in die Freiheit. Versteckt in einem Campingbus ging es für Blake per Fähre zunächst nach Belgien und von dort über die innerdeutsche Grenze direkt in die DDR. Mit Hilfe seines ehemaligen sowjetischen Führungsoffiziers gelangte er anschließend nach Moskau, wo er sich als Erstes von seiner Frau und seinen drei Kindern trennte und ein neues Leben begann. Noch heute lebt der Mann von einer KGB-Rente in Moskau und bleibt bekennender Kommunist. In seiner Autobiographie »No other Choice« steht der schöne Satz: »Um zu betrügen, muss man sich erst einmal dazugehörig fühlen. Ich aber habe mich nie dazugehörig gefühlt.«

Durch diesen Meister des Doppelspiels also waren die Sowjets über die Rudower Maulwurfsarbeiten von Anfang an perfekt informiert, was sie in einen gewissen Zwiespalt brachte: Sollten sie den Tunnelbau bereits vor seiner Fertigstellung auffliegen lassen? Dies hätte mit Sicherheit höchste Gefahr für ihren extrem ertragreichen Informanten bedeutet und wäre auch ein bisschen langweilig gewesen. Also entschied man sich, das Spiel erst einmal mitzuspielen, weder Bau noch Inbetriebnahme des Tunnels zu stören und zu warten, bis sich eine unverfängliche Gelegenheit ergab, um den Stollen zu entdecken. Bis dahin verschärfte man lediglich die internen Sicherheitsstandards bei der Codierung von Telefonaten und Telegrammen. So war der Spionagetunnel bei der für die westlichen Geheimdienste so peinlichen Pressekonferenz seit seiner Aktivierung am 11. Mai 1955 schon gute elf Monate in Betrieb. 330 Tage, in denen man auf circa 50.000 Tonbandspulen fast 440.000 Gespräche aufgezeichnet hatte. Die Bänder wurden vom Flughafen Tempelhof aus täglich in die USA und nach England geflogen, wo sie von sage und schreibe 600 Mitarbeitern abgehört und ausgewertet wurden. Wohlgemerkt: Da die Russen über die Abhörtätigkeit informiert waren, befand sich auf den Bändern mit Sicherheit nur heiße Luft. Wie man sieht, wurde das berühmte Bürokraten-Axiom »Die Kosten meines Aufwands sollten dem Nutzen meiner Tätigkeit diametral entgegenstehen« nicht erst in Brüssel erfunden.

Der sogenannte »Rudower Spionagetunnel« hat jedoch mit dem Britzer Tunnel rein gar nichts zu tun. Letzterer wurde erst im Jahr 2000 fertiggestellt und ist, da wir Neuköllner nun mal rekordsüchtig sind, natürlich der längste Autobahntunnel Berlins. 2010 erlangte aber auch er eine gewisse historische Bedeutung. Und zwar durch die Installation von gleich achtzehn hochmodernen »Schattenblitzern«, die anders als herkömmliche Blitzgeräte mit Infrarotlicht arbeiten, welches für das menschliche Auge quasi unsichtbar ist. Dass überhaupt geblitzt wird, merkt der Fahrer also nur in den allerseltensten Fällen, insbesondere weil die Geräte nach dem Zufallsprinzip aktiviert werden. Eine Tatsache, die notorischen Temposündern nicht so richtig schmeckt und in zahlreichen einschlägigen Internet-Foren für rasende Empörung sorgte.

Wem ungestörte Geschwindigkeitsexzesse weniger wichtig sind als Einblicke in historische Zusammenhänge, dem empfehle ich unbedingt einen Besuch im Zehlendorfer Alliierten-Museum. Dort ist unter anderem auch ein sieben Meter langes Originalsegment des so kläglich gescheiterten Rudower Spionagetunnels zu besichtigen.

Buchholz, Horst → Berühmtheiten
Buckow → Neukölln
Buschkowsky, Heinz → Mode → Religion → Rütli-Schule

Comenius-Garten

Neukölln hat Gebildeten nichts zu bieten

Wer das wirklich glaubt, der sollte mal auf dem etwa fußballfeldgroßen Grundstück der Richardstraße 35 vorbeischauen. Dort hat der Wissenschaftshistoriker Henning Vierck gemeinsam mit der Landschaftsgärtnerin Cornelia Müller 1995 einen wunderhübschen kleinen Garten angelegt, in dem die Philosophie des böhmischen Universalgelehrten Johann Amos Comenius (1592–1670) sinnlich erlebbar gemacht wird.

Comenius, der sich selbst vornehmlich als Theologe verstand, war leitender Bischof der Brüderunität – einer Religionsgemeinde, die vor allem in Böhmen und Mähren zahlreiche Anhänger hatte und die besonderen Wert darauf legte, Glaube, Wissen und Natur als Einklang zu verstehen. Dass der Comenius-Garten ausgerechnet in der Richardstraße angelegt wurde, ist kein Zufall, denn die meisten der von Friedrich Wilhelm I. 1737 im direkt an das Gartengrundstück angrenzenden Böhmischen Dorf angesiedelten Religionsflüchtlinge entstammten ebenfalls der oben genannten protestantischen Gemeinschaft. (→Ausländer II)

Das von Comenius entwickelte pädagogische Konzept sah eine ganzheitliche Bildung vor, wobei die Lehrenden angehalten waren, den Schülern nicht nur Faktenwissen zu vermitteln, sondern ihnen auch den Sinnzusammenhang der Dinge verständlich zu machen. Für seine Zeit revolutionär war, dass Comenius für die Chancengleichheit aller Menschen eintrat – unabhängig von Alter, Herkunft und Geschlecht. Daher sah seine Idee unter anderem auch den gemeinsamen, nicht nach Geschlechtern getrennten Unterricht von Kindern aller gesellschaftlichen Schichten vor. Eine Überzeugung, von der sich einige unserer Zeitgenossen durchaus eine Scheibe abschneiden könnten.

Comenius' Lehre unterteilt das menschliche Leben in acht Schulen, und weil das hier ein Lexikon ist, zähle ich sie auch auf: Die Schule des vorgeburtlichen Werdens, Die Mutterschule, Die gemeine Schule, Die Lateinschule, Die Akademie, Die Schule des Berufs, Die Greisenschule und Die Schule des Todes. Diese acht Schulen werden im Park mittels einfacher, aber prägnanter Elemente gestalterisch umgesetzt. So ist zum Beispiel der an der Ecke Karl-Marx-/Richardplatz stehende Walnussbaum das Symbol für das vorgeburtliche Werden. Und zwar deswegen, weil es in Böhmen Tradition war, zur Geburt eines Kindes einen Walnussbaum zu pflanzen, und diese Gepflogenheit von den böhmischen Einwanderern auch nach → Rixdorf exportiert wurde. Den Mutterschulbereich dagegen symbolisiert die nebenan gelegene Kindertagesstätte samt großem Spielplatz. Jetzt auf jede einzelne gartengestalterische Umsetzung der Comenius-Lehren einzugehen, würde den Rahmen sprengen. Mir jedenfalls macht auch im schon etwas reiferen Alter immer noch der »Irrgarten« Spaß, ein bildhaftes Gleichnis, dass Lernen irgendwann nicht mehr nur Lust und Spiel ist, sondern zur ernsthaften Erkenntnisarbeit wird, bei der man sich so lange in den Gängen des eigenen Denkens verirrt, bis man dann irgendwann doch, oft eher zufällig, den Weg zu neuen Ufern findet. Unbehagen flösst mir dagegen seit jeher, für die meisten Leser sicher wenig überraschend, der »Gottesacker« genannte Friedhof am Richardplatz ein, das Sinnbild für die letzte und unvermeidliche Lebensschule »Die Schule des Todes«. Aber wie der gemeine Grieche zu sagen pflegte: »panta rhei« – alles fließt. Und deshalb schaut man vom Gottesacker direkt wieder auf den Walnussbaum, womit sich der immerwährende Kreislauf des Lebens wieder schließt.

Besonders toll am Comenius-Garten finde ich aber, dass er inzwischen von zahlreichen Kindern, Jugendlichen und Großfamilien als »ihr« Park angesehen wird und sie dort völlig eigenverantwortlich für

Ordnung und Sauberkeit sorgen – und das, obwohl im gesamten Garten mit Absicht kein einziger Mülleimer aufgestellt wurde. So wird auch der Garten als Ganzes zu einer Schule des Lebens, die Rücksichtnahme und Verantwortungsgefühl lehrt – und dies auf völlig zwanglose Weise. Getreu der Lehre des Comenius: »Alles fließe von selbst, Gewalt sei ferne den Dingen.«

Dagobert → Berühmtheiten
Denkmalschutz → Körnerpark
Die Christel von der Post → Fortbewegung

Döner

Der Döner wurde in den 1970er
Jahren in Neukölln erfunden

Döner Kebap – wer kennt die inzwischen flächendeckend angebotene Zwischenmahlzeit nicht? Allein in Deutschland gibt es nach zurückhaltenden Schätzungen über 15.000 Dönerbuden – die keineswegs alle von Türken betrieben werden. Bei einschlägigen privaten Feldversuchen bin ich schon auf deutsche, bosnische, polnische, ägyptische und sogar vietnamesische Dönerwirte getroffen. Auch weltweit ist der Döner eine unglaubliche Erfolgsstory. Selbst in der Türkei bekommt man ihn inzwischen ... Nur bei Gastspielen in Österreich und der Schweiz scheiterte ich bei dem Versuch, nach dem Auftritt einen Döner zu ordern. Dort ist das Gericht nämlich nur als Kebap bekannt. Das Hauptverbreitungsland ist und bleibt aber Deutschland. Eine Produktion von fast 300 Tonnen täglich und rund 1,5 Milliarden Euro Umsatz pro Jahr sprechen eine deutliche Sprache. Im Schnitt isst jeder Deutsche jährlich zehn Fladenbrote mit Grillfleisch und wenn der Werbespruch »Döner macht schöner« stimmt, dann ist das eine gute Nachricht.

Ein kurzer Einschub für Deutschlehrer: Mir ist bewusst, dass der Duden die Schreibweise Dönerkebab propagiert. Mir als Halbtürken kommt das trotzdem seltsam vor, da Kebap im Türkischen nun einmal mit »p« am Ende geschrieben wird und es sich bei Döner und Kebap eindeutig um zwei eigenständige Wörter handelt. Deshalb möchte ich hier, Duden hin, Duden her, lieber an der Schreibweise Döner Kebap festhalten. Ende des kleinen Exkurses ins Türkische und weiter im Text.

Leider lässt sich nicht mehr feststellen, wo und wann genau der Döner in der heute – in → **Neukölln** und im restlichen Deutschland –

gängigen Form erfunden und erstmals verkauft wurde. Fest steht: In der Türkei war es nicht. Gesichert ist zwar, dass es Rezepte für Döner Kebap (zu deutsch in etwa »Drehbraten«) bereits in der osmanischen Kü-

che des 19. Jahrhunderts gab, allerdings wurden die Zutaten keineswegs in der uns bekannten heutigen Art ins Brot gestopft.

Eberhard Seidels Standardwerk zum Thema: »Aufgespießt – wie der Döner über die Deutschen kam« behauptet, die Mischung aus am Spieß gebratenem Grillfleisch, dem Pide genannten Fladenbrot, Zwiebelringen, rohem Weiß- und Rotkohl, Tomaten- und Gurkenscheiben sowie Salatsoße mit oder ohne Knoblauch sei Mitte der 1970er Jahre erstmals von einem Imbissbudenbesitzer am Kottbusser Damm angeboten worden. Selbst wenn man dies als wahr voraussetzt, wofür es nach meinen Recherchen keine zuverlässigen Beweise zu geben scheint, wäre der Döner keine Neuköllner Erfindung. Denn le der lag der Imbiss auf der falschen Seite des Grenzdamms ...

Wie auch immer, jedenfalls stammt das, was wir heutzutage als Döner Kebap futtern, aus Berlin. Da es sich damit um ein deutsches Produkt handelt, verwundert es nicht, dass eifrige Bürokraten die Zusammensetzung von Döner bereits 1989 in einer Verordnung mit dem griffigen Namen »Festschreibung der Berliner Verkehrsauffassung für das Fleischerzeugnis Dönerkebap« festlegten. Wie Sie vielleicht bemerkt haben, hat die Berliner Bürokratie einen Kompromiss aus meiner und der Duden-Schreibweise gewählt!

Lustig finde ich, dass ich trotz der eindeutig nichttürkischen Abstammung der Fladenbrot-Kalorienbombe immer nur in meiner Eigenschaft als Fast-Türke nach guten Tipps für den Döner-Kauf gefragt werde. Um das ein für alle Mal schriftlich festzuhalten: Unfehlbare Indizien für einen guten Döner-Dealer gibt es nicht. Persönlich achte ich

China, Italien und die Türkei kulinarisch vereint am Hermannplatz.

darauf, nicht zu billige Ware zu kaufen und nach Möglichkeit Imbissstuben aufzusuchen, die gut besucht sind. Denn wenn der Döner in rauen Mengen über den Tresen geht, dann hat das Drehfleisch gar nicht die Möglichkeit, abgestanden zu sein. Und um auch das noch klarzustellen: Diesen Tipp hat nicht der Türke, sondern der Deutsche in mir gegeben. Es ist ja kein Zufall, dass der »Verein türkischer Dönerhersteller in Europa«, in dem rund 400 Döner-Produzenten organisiert sind, seinen Sitz am Kurfürstendamm hat. Am altehrwürdigen Kudamm also sitzen die Strategen, die die Dönerisierung der Welt vorantreiben. Hier belädt man Scharen von Kühlwagen mit in Berlin industriell gefertigten Fleischspießen und schickt sie dann in alle Herren Länder.

Die internationale Karriere des Döners ist jedenfalls nicht aufzuhalten. Unter Schülern ist er schon zur heimlichen Währung geworden: »Ein Döner« sind drei Euro. Wundern Sie sich also nicht, wenn Sie demnächst irgendwo mit der genuschelten Frage »Haste mal 'nen Döner?« angeschnorrt werden ...

Dörferblick

Der Dörferblick ist eine natürlich
gewachsene Erhebung

Am südwestlichen Rand von Rudow gelegen, ist der Dörferblick mit seinen knapp 86 Metern eine der höchsten Erhebungen Berlins. Zum Vergleich: Das in der → Gropiusstadt stehende Ideal-Hochhaus geht 89 Meter in die Vertikale. (→ Aufstieg) Der Körper der legendären Busenwitwe Tatjana Gsell und der Dörferblick haben übrigens etwas gemeinsam: Sie sind beide nicht auf natürlichem Wege entstanden. Aber versetzen wir uns zurück in die Nachkriegszeit. Nachdem der Wahnsinn des Nationalsozialismus die deutsche Hauptstadt 1945 in Schutt und Asche gelegt hatte, begannen die Trümmerfrauen mit den mühseligen Aufräumarbeiten. Aber wie das mit dem Aufräumen so ist: Irgendwo muss man den gesammelten Krempel am Ende entsorgen. Und zwar möglichst dort, wo er einem nicht tagtäglich ins Auge fällt. Castor-Transporte kannte man noch nicht, also brachte man den ganzen Müll auf dem kurzen Dienstweg aus der Innenstadt in die Vororte, zum Beispiel nach Rudow. Als die zentral gelegenen Wohngebiete am Ende des Großreinemachens dann wieder ganz passabel aussahen, waren dafür die Randgebiete versaut und so dachte sich die Verwaltung offenbar: Schrecklich sieht's hier aus, nutzen wir die verschandelte Gegend doch zukünftig einfach als Müllkippe. Schöner wurde die Landschaft dadurch nicht, aber immerhin wuchs und wuchs am Rande von Rudow der Müllberg, bis er in den 1970er Jahren auf seine heutige Höhe von 86 Metern angestiegen war. Erst da kam ein findiger Mensch auf den Gedanken, den gigantischen Haufen Unrat zu einem begrünten Naherholungsgebiet umzugestalten.

Weitere künstliche »Berge« in Berlin:

Teufelsberg (114,7 m)

Müllkippe Wannsee (94,8 m)

Humboldthöhe im Volkspark Humboldthain (85 m)

Insulaner (74,9 m)

Rudower Höhe (70 m)

Rixdorfer Höhe im Volkspark Hasenheide (67,9 m)

Seitdem sind die sanft ansteigenden Wege des Dörferblicks für Wanderer und selbst für Radler angenehm zu erklimmen. Wer einen Feldstecher sein eigen nennt, sollte ihn mitnehmen, denn der von Bäumen weitgehend frei gehaltene Gipfel bietet einen prima Ausblick über die ehemalige Mauer auf die angrenzenden Brandenburger Dörfer. Dies gilt insbesondere für Großziethen, Schönefeld und Waßmannsdorf, weswegen der Hügel gelegentlich auch »Dreidörferblick« genannt wird. Bei gutem Wetter kann man in etwas weiterer Ferne auch Altglienicke und die Hochhäuser der Gropiusstadt erkennen.

Der Name Dörferblick entwickelt sich jedoch mehr und mehr zum Euphemismus. Denn inzwischen wird das Panorama hauptsächlich von den Kränen der Großbaustelle des neuen Flughafens Berlin Brandenburg International (BBI) geprägt und das einstmals grüne Band zwischen den Brandenburger Dörfern wandelt sich mehr und mehr in kleinteilig zersiedelte Wohn- und Gewerbegebiete.

Wer sich davon nicht in natura überzeugen kann oder will oder als mit seinem Sitzmöbel fest verwachsene Couchpotatoe keinen funktionstüchtigen Bewegungsapparat mehr besitzt, dem empfehle ich den virtuellen Rundblick auf neukoelln360.de oder rudow.de. Naturliebhaber aber sollten sich auf jeden Fall selbst auf den Weg machen, denn die wuchernde Spontanvegetation bietet vielen → **Pflanzen** und Tieren reichen Lebensraum. Insbesondere Ornithologen kommen hier zu jeder Jahreszeit auf ihre Kosten: Karmingimpel, Schwarz- und Braunkehlchen, Haubenlerche, Schafstelze, Rohrammer, Steinschmätzer, Flussregenpfeifer, Eisvogel, Neuntöter, Wiesenpieper oder einen Bluthänfling kann man hier entdecken und im Winter auch Vogelarten wie die Kornweihe, den Sperber, Raubwürger, Bergfink oder Berghänfling.

Drogen

Die meisten Straftaten in Neukölln
haben mit Drogen zu tun

Es ist kein Geheimnis: In Berlin lebt man, zumindest statistisch gesehen, gefährlich. Das hat aber nicht speziell etwas mit der Stadt Berlin zu tun. Denn wie ich während meiner Ausbildung zum Polizeidienst gelernt habe: Die höchste Kriminalität gibt es immer dort, wo es die größte Anonymität gibt. Und darum sind Metropolen bei solchen Ranglisten zwangsläufig immer ganz oben platziert.

Wenn ich mir die Kriminalitätsstatistik von 2009 genauer anschaue, dann hat Berlin im Verhältnis zu vergleichbaren deutschen Stadtstaaten wie Hamburg und Bremen allerdings in der Tat sowohl die höchste Deliktzahl als auch die höchste Tatverdächtigenbelastungszahl (den Erfinder dieses Wortungetüms würde ich sehr gern einmal persönlich zu seinem Sprachverständnis verhören) und Bevölkerungsgefährdungszahl (den auch, aber wahrscheinlich handelt es sich eh um denselben Herrn. Womöglich ist das gar ein eigenständiger Ausbildungsberuf: Unverständlichewortungetümeerfinder). Trotz dieser Negativrekorde kann ich als ehemaliger Mobilsicherheitsbewahrer (ich kann das auch, so ist es ja nicht. Streifenpolizist klingt immer so nach Streifenhörnchen) nur betonen: Keine Panik, Leute. Auch in Berlin ist es nach wie vor nicht besonders wahrscheinlich, Opfer eines kriminellen Delikts zu werden. Insgesamt wurden 2009 knapp 80.000 Kriminalitätsopfer gezählt. Und auch wenn das selbstverständlich 80.000 zu viel sind, handelt es sich um nicht mehr als 2,3 Prozent der Berliner Gesamtbevölkerung, wobei dem einen oder anderen davon auch nur das Fahrrad geklaut wurde.

Gut, mit Zahlen und Statistiken kann man natürlich viel beweisen und noch mehr verschleiern. Deshalb will ich mich hier nicht als großer Verharmloser profilieren. Aber hin und wieder tut es schon mal ganz gut, die Maßstäbe zurechtzurücken. Doch Schluss mit den Abschweifungen, kommen wir zurück zum Zusammenhang von Straftaten und Drogen. Bricht man die genannte Statistik auf die Berliner Bezirke runter, so liegt Neukölln bei den vier großen Deliktkategorien Kiezkriminalität – also Delikte, die von Tätern in der Nähe ihres Wohnorts verübt werden –, Autodiebstahl, Körperverletzung und Wohnraumeinbruch zwar immer im oberen Drittel, ist aber nie ganz vorne dabei. Anders ausgedrückt: Neukölln ist arm, aber – oder eher deshalb – nicht im Übermaß gefährlich. Denn naturgemäß versprechen gute Wohngegenden Dieben reichere Beute als eher ärmliche Problemgebiete. (→ Kriminalität)

Welche Rolle spielen nun aber Drogen bei den in Neukölln verübten Straftaten? Platz eins der Neuköllner Delikt-Rangliste ist der Diebstahl. Mit weitem Abstand folgen Sachbeschädigung und Körperverletzung auf Rang zwei und drei. Erst auf Platz vier findet man die Rauschgiftdelikte. (→ Hasenheide) Selbst wenn man berücksichtigt, dass bei den Zahlen für Diebstahl und Körperverletzung das ein oder andere Beschaffungsdelikt eingeflossen sein mag, ist also die überwiegende Anzahl der in Neukölln verübten Straftaten nicht mit Drogen in Zusammenhang zu bringen. Quod erat demonstrandum, wie der Lateiner früher so treffend zu sagen pflegte und mir damit einen gelehrt wirkenden Abschluss dieses Artikels ermöglicht.

Estrel → Architektur → Tourismus

Fassbrause

Neukölln hat nichts zu exportieren

Kommen wir wieder einmal zum Thema nostalgische Kindheitserinnerungen. Als ich noch ein kleiner Neuköllner Steppke war, konnte mich meine Mutter – speziell in den heißen Sommermonaten – mit kaum etwas mehr erfreuen als einem eisgekühlten Glas Fassbrause. Da störte es auch nicht, dass meine ahnungslosen und genussfernen Freunde das erfrischende Nass gern als Fußbrause verspotteten.

Das Einzige, was mein Glück in diesen rauschhaften Momenten des höchsten Gaumenkitzels beeinträchtigte, war die Tatsache, dass dieses herrlich bernsteinfarbene Getränk immer so schnell alle war. Es leuchtete mir auch nicht ein, weshalb ich mich als Fassbrause-Abhängiger nicht einfach unter ein Fass legen und das wunderbar erfrischende Nass schlaraffenlandartig literweise in meinen weit offenen Mund hineinlaufen lassen konnte.

In jenen unschuldigen Tagen war es mir schnurzpiepe, was es mit diesem meine Geschmacksnerven so köstlich beprickelnden Erfrischungsgetränk eigentlich auf sich hatte. Inzwischen aber bin ich älter und neugieriger und habe erfahren, dass ein gewisser Ludwig Scholvien, seines Zeichens Gründer der heute noch in Spandau existierenden »Essenzenfabrik Dr. Scholvien«, das sprudelige Getränk schon 1908 erfunden hat – und zwar um seinen Sohn vor den gefährlichen Verlockungen des Alkoholteufels zu bewahren. Präziser gesagt: Damit der Filius die Finger vom Bier lässt, kreierte er dem Sohnemann ein dem Bier ähnelndes, aber komplett alkoholfreies Getränk. Und startete damit eine unerwartete Erfolgsstory.

Meine ganz legale Lieblingsdroge
kann man natürlich auch einfach aus
der Flasche trinken.

Die genauen Ingredienzien sind natürlich geheim. Verraten wird nur so viel, dass es ein Extrakt aus Süßholzwurzel (vulgo: Lakritz) und Apfel-Citrus ist, der die Fassbrause so erfrischend und schäumend macht. Es ist also nur folgerichtig, dass die Essenzenfabrik vor gut fünfzig Jahren die Mixtur in den USA erfolgreich als »Apple Beer« auf den Markt bringen konnte.

Ihren zumindest in Berlin und Brandenburg unaufhaltsamen Siegeszug trat die Limonade kurz nach ihrer eher aus der Not geborenen Erfindung als »Rixdorfer Fassbrause« an, die von der Neuköllner Kindl-Brauerei auf dem Rollberg hergestellt wurde. Damit ist, und als Neuköllner Patriot möchte ich das ausdrücklich betonen, die Rixdorfer Fassbrause eindeutig die Mutter aller Fassbrausen! Und die Kölner Privatbrauerei Gaffel, die seit einiger Zeit mit ihrem Me-too-Produkt »Gaffels Fassbrause« ziemlich aggressiv auf den hart umkämpften Getränkemarkt drängt, ist – aus meiner lokalpatriotischen Sicht – eine simple Plagiatorin. Sollte jemand über den Begriff »Limonade« gestolpert sein: den habe ich ganz bewusst verwendet. Denn trotz ihres Namens ist die Fassbrause in Wirklichkeit eine Limo. Das mag dem ein oder anderen Leser sicher seltsam vorkommen (mir auch), aber es GIBT einen Unterschied zwischen Limonade und Brause. Und hier enthülle ich ihn: Während eine Brause aus naturidentischen und/ oder künstlichen Aroma- beziehungsweise Farbstoffen bestehen darf, muss eine Limonade natürliche Auszüge von Früchten oder Pflanzen und mindestens sieben Prozent Zucker enthalten. Die Limonade ist also sozusagen die etwas hochwertigere Schwester der Brause. Darüber hinaus muss eine Brause mit Kohlensäure versetzt sein, während die Limonade auch still sein kann. Letzteres kann ich hin und wieder auch, aber in diesem Moment drängt es mich erst einmal, Ihnen noch eine Information zum Thema Kohlensäure mitzugeben. Hätten Sie gewusst, dass diese erst seit 1954 industriell verflüssigt und in der Getränkeindustrie zum Karbonisieren eingesetzt wird? Zuvor konnten Mineralwasser nur mit ihrem ganz natürlichen Kohlensäuregehalt prickeln. Heute dagegen kann man auch völlig schlappe Wässer, die von Natur aus wie eingeschlafene Füße schmecken würden, durch industrielles CO_2 zum spritzigen Bombensprudel pimpen. Fabriziert wird die industrielle Kohlensäure übrigens aus Kohlendioxidabgasen, die zum Beispiel bei der Herstellung von Waschmittelprodukten anfallen. Lecker, lecker. Manches angelesene Wissen sollte man vielleicht doch besser für sich behalten. Was mich wieder zur Limonade bringt, die ja auch still sein kann ...

Korrekt müsste die Limonade »Fassbrause« eigentlich inzwischen »Flaschbrause« beziehungsweise noch korrekter »Flaschlimo« heißen. Denn die Zeiten, in denen die Fassbrause aus Fässern gezapft wurde, sind längst passé. Alteingesessene Berliner wie meine Mutter nannten das Getränk aber sowieso schon immer »Sportmolle« (für den Nicht-Berliner: »Molle« ist ein Berliner Slangausdruck für »Bier«), wodurch sich auch hier wieder ein Kreis schließt: nämlich der, der Doktor Scholvien dazu antrieb, die Fassbrause zu erfinden.

Fette Henne

Fette Henne nennt man in Neukölln
einen Chicken Döner

Selbst der so kreativ sprudelnde Berliner – oder im vorliegenden Fall Neuköllner – Volksmund ist bislang nicht auf die abstruse Idee verfallen, einen Chicken → Döner als Fette Henne zu bezeichnen. Wobei ich an dieser Stelle auch mal deutlich sagen möchte, dass der Chicken Döner für einen Döner Kebap-Puristen wie mich sowieso eine völlig verachtenswerte Erfindung ist. Was hat meist minderwertiges Hühnerfleisch in einem guten Pide verloren?

Und wenn wir schon bei schwierigen Quizfragen sind: Was genau ist nun eine Fette Henne – außer einem dicken Federvieh weiblichen Geschlechts? Botaniker können den nächsten Satz überspringen, sie wissen sicher schon seit ihrer Schulzeit, dass die Fette Henne eine → Pflanze aus der Familie der saftreichen Dickblattgewächse ist. Was jedoch auch die Botaniker unter meinen Lesern womöglich nicht ahnen, ist, dass der Bildhauer Rolf Szymanski 1984 eine 4,5 Meter hohe Brunnenplastik anfertigte. Aus Eisenguss. Nachdem er damit fertig war, nahm man sie ihm ab und stellte sie am Buckower Damm, direkt vor dem Eingang zum Britzer Garten, in ein Becken aus rötlichem Granit. Der Künstler sah sein Werk in Ruhe an, fand, dass es gelungen war, und dachte bei sich: Sieht eigentlich aus wie ein saftiges Dickblattgewächs. Und darum sagte er zu seinen Auftraggebern: »Wie Ihnen bekannt ist, besteht meine Plastik aus zwei gleichen, aber verkehrt übereinander gestellten Gebilden mit jeweils vier freischwebenden Armen, die als Sockel für einen Körper mit weiblichen torschaften Formen dienen. Ich finde, dies erinnert unweigerlich an ein sehr pral-

Neuköllner Straßen, die Geflügel im Namen tragen:

Geflügelsteig

Hennensteig

Kückenweg

Lachshuhnweg

Lockenhuhnweg

Perlhuhnweg

Putenweg

Schneehuhnweg

Truthahnweg

Zwerghuhnweg

les Dickblattgewächs, weshalb ich diesen Brunnen gern ›Fette Henne‹ nennen möchte.« Und da die Auftraggeber nicht wussten, was sie auf diesen überraschenden Vorschlag des Künstlers entgegnen sollten, und ihnen aber auch kein besserer Name einfiel, wurde der Brunnen »Fette Henne« getauft. In ihrer Großzügig- und Hilflosigkeit spendierten die Neuköllner Stadtväter dem Schöpfer zusätzlich noch ein graviertes Messingschild, auf dem er auch abweichende Interpretationen seines Werkes gelten ließ und unter anderem wörtlich schrieb: »Zu allem Überfluss könnte der Name ›Fetthenne‹ hier auch herhalten als liebevoll-dreiste Anspielung auf ›Die schöne Gärtnerin‹ obenauf. Sie hat etwas Ruhiges, Entspanntes, Verweilendes.«

Falls Sie meine private Meinung zu dieser ganzen Geschichte hören wollen: Es mag ja ganz zeitsparend und gelegentlich sogar erhellend sein, wenn der Macher die Interpretation seines Kunstwerkes gleich mitliefert. Aber auch auf die Gefahr hin, altmodisch zu erscheinen, ziehe ich es persönlich vor, über ein künstlerisches Werk in Ruhe nachzudenken und meine ganz eigenen Phantasien und Ideen dazu zu entwickeln. Aber wie beschwichtigt der Kölner in solchen Fällen: Jeder Jeck ist anders! Und das gilt auch in ➜ Neukölln.

Film

Wenn Sie jetzt etwas über Filme, die in Neukölln spielen, erwarten, dann muss ich Sie enttäuschen, das gibt's nicht hier, sondern in dem Kapitel → Knallhart.

Hier geht es um die Harzer Straße 39. Echte Filmfreaks erkennen Sie, wenn diese Adresse genannt wird, sofort an ihrem wissenden Blick. Hier logieren seit den Kindertagen der professionellen Filmproduktion die Geyer-Werke. Blenden wir kurz zurück: 1911, bei Erscheinen dieses Buches also vor genau hundert Jahren, gründete der Ingenieur Karl Geyer zusammen mit seinem Geschäftspartner Paul Tesch in einem im Berliner Ortsteil Lankwitz gelegenen Gebäude mit einem Stammkapital von 20.000 Mark die Kino-Kopier GmbH, deren Geschäftszweck »der Betrieb einer Fabrik für Herstellung von Kinofilmen, speziell nach vorhandenen Negativen« war. Entscheidend ist bei dieser Formulierung die Aussage »speziell nach vorhandenen Negativen«. Denn diese Präzisierung enthält die eigentliche, die damals nachgerade revolutionäre Geschäftsidee, alle »unkünstlerischen« Aufgaben der Filmproduktion in ein eigenes Geschäftsfeld auszulagern. Heute ist diese von Karl Geyer und Paul Tesch angestoßene Vorgehensweise völlig selbstverständlich, aber in den Frühtagen des Films lag der besondere Stolz der produzierenden Filmstudios darin, den gesamten Prozess der Filmherstellung in einer Hand zu halten. Vom Drehbuch über die Aufnahme bis hin zur Entwicklung und Vervielfältigung des belichteten Materials betrachteten sie die Filmproduktion als einheitlichen künstlerisch-kreativen Prozess.

Der Eingang zu den Geyer-Werken: Nicht die einzige Stätte des Fortschritts in Neukölln.

Dies sah Karl Geyer als technisch geschulter Mensch anders. Er verstand und vermarktete seine Unternehmung von vornherein als reinen Handwerksbetrieb. Sein etwas ketzerisches Credo lautete: »Das bohèmehafte Niveau des Filmbetriebs ist dem Schaffen bei der Filmfertigbearbeitung in höchstem Grade abträglich.« Anders gesagt: Sorgfalt ging bei ihm unbedingt vor Kreativität. Damit legte die Kino-Kopier GmbH, die 1926 in die Geyer-Werke AG umgewandelt wurde, mit ihren eigens entwickelten Maschinen und Verfahren, die die Herstellung von Vorführkopien industrialisierten, den Grundstein zu einer neuen Dienstleistungsbranche, der Postproduktion.

Geyers erste revolutionäre Neuerung war eine Perforiermaschine mit Vierlochstanzung – also acht Löcher pro Bild – die heute nach wie vor weltweit State of the Art ist. Bis zu dieser die Filmindustrie umwälzenden Erfindung lieferten die Rohfilmfabriken nur unperforierte Filme und die Abnehmer mussten sich selbst darum kümmern, die für den stabilen Bildstand und einwandfreien Filmtransport unerlässlichen Perforationslöcher einzustanzen. Heute gehören die Geyer-Werke samt ihrer in Hamburg, Köln und München ansässigen diversen Tochterunternehmen zur CineMedia Film AG. Die Negativvorlage für sämtliche späteren Postproduktions-Firmen dieser Welt aber wurde vor hundert Jahren in Neukölln angefertigt – zunächst in der Sonnenallee, später in der Harzer Straße. (→ Fortschritt)

Fortbewegung

In Neukölln braucht man ein cooles Auto

Dies gilt bestimmt dann, wenn man einer der Drogenbarone ist, die in ihren dicken Protzschlitten die → **Hasenheide** umkurven, um die Arbeit ihrer im Park tätigen Handelsvertreter – vom Volksmund anglizistisch Dealer genannt – zu kontrollieren.

Handelsübliche Neuköllner sind ansonsten eher per pedes, Fahrrad oder insbesondere per OePeEnVau – also dem Öffentlichen Personennahverkehr – unterwegs. Lange Zeit kursierte übrigens das Gerücht, die BVG setze aus Angst um die körperliche Unversehrtheit ihres Personals in bestimmten Gegenden → **Neuköllns** keine Kontrolleure mehr ein. Ich kann das nicht bestätigen. Nicht, weil ich beim Schwarzfahren erwischt worden wäre, sondern weil ich seit meinem 18. Lebensjahr leidenschaftlicher Motorradfahrer bin und also die Gepflogenheiten des ÖPNV schon lange nicht mehr aus eigener Erfahrung kenne.

An dieser Stelle möchte ich kurz eine meiner Lieblingsgeschichten einflechten. Die »Berliner Kabarett Anstalt« – stadtweit eher unter ihrem frechen Kürzel BKA bekannt – gab Anfang der neunziger Jahre täuschend echte Kopien von BVG-Fahrscheinen als Eintrittskarten aus. Der einzige auf den ersten oder eher dritten Blick erkennbare Unterschied war der Aufdruck: Dort stand BKA statt BVG. Es dauerte sehr lange, bis die Berliner Verkehrsbetriebe ihre Angestellten für diese Fälschungen sensibilisiert hatten und den illegalen Kopien zudem auch per Gerichtsbeschluss ein Ende machen konnten. Bis dahin hatte man als BKA-Besucher – zumindest sofern man mit der BVG fuhr und nicht von moralischen Skrupeln geplagt war – monatelang in praxi kostenlosen Eintritt. Denn für seinen Kassenobulus bekam man als Gegenwert eine nahezu perfekt gefälschte Mehrfachfahrkarte.

Aber dies nur am Rande. Wo war ich stehen geblieben? Ah ja, bei meiner Motorrad-Leidenschaft. Was nämlich heutzutage kaum noch jemand weiß: Von 1948 bis 1956 existierte in Neukölln ein waschechter Moped-Hersteller. Gut, seien wir ehrlich: der Begriff »Moped-Hersteller« ist ein wenig dem Wunsch nach einer guten Überleitung geschuldet. Eigentlich war die Firma »Adi-Fahrzeugbau« eher auf dreirädrige Lastenfahrzeuge spezialisiert. Erst 1954 ging Adi zur Moped-Fabrikation über – vermutlich weil die Dreiräder keine wirklichen Verkaufsschlager waren. Aber entweder kam das Umschwenken auf die Mopeds zu spät oder auch diese verkauften sich nicht wie gewünscht, jedenfalls musste Adi schon 1956 ein für alle Mal seine Werktore schließen. Immerhin hat der in den fünfziger Jahren in Deutschland ungeheuer populäre Film »Die Christel von der Post« der Firma ein dauerhaftes Denkmal gesetzt. Die genauso süße wie pflichtbewusste Christel kutschiert in dem Streifen nämlich ihre Briefe und Päckchen auf einem Adi-Lastenmoped durch die Gegend. Ob das Adi-Moped nicht nur im Film, sondern auch in der Realität jemals im Dienst der Deutschen Bundespost stand, lässt sich leider nicht mehr nachvollziehen. Denn wie ich zu meinem großen Erstaunen feststellen musste, bewahrt die deutsche Post nirgendwo Unterlagen über ihren ehemaligen Fahrzeugbestand auf. Deutsche Behörden sind auch nicht mehr das, was sie wahrscheinlich niemals waren. Als wirklich gesichert kann nur gelten, dass zumindest die Berliner Postbehörden das Neuköllner Gefährt mal eine Zeitlang getestet haben. Was mir an der Firma im Nachhinein besonders erinnerungswürdig zu sein scheint: Mit dem Tick, den Firmennamen aus Buchstaben des Vor- und Nachnamens des Firmengründers zu bilden (hier: Artur Diebler), hat sie eine Tradition begründet, die in Neukölln heute noch fortgeführt wird, zum Beispiel beim Estrel-Hotel. (→Tourismus)

Fortschritt

Neukölln war schon immer
vom Fortschritt abgekoppelt

Mir ist schon klar, dass manche Leute glauben, wir würden hier in Hintertupfenheimelshausen leben. Diesen notorisch Uninformierten sei hiermit ins Stammbuch geschrieben: → Neukölln war vielleicht nicht durchgängig die Speerspitze der technischen und gesellschaftlichen Evolution, aber in manchen Dingen und besonders, was mobile Treppen angeht, war unser Bezirk mehr als ein Mal ganz weit vorn.

Schalten wir um auf 1927. In diesem denkwürdigen Jahr wurde der U-Bahnhof Hermannplatz als neuer Kreuzungspunkt zweier U-Bahn-Strecken eröffnet. Eine davon war die sogenannte Nord-Süd-Bahn, die zwischen den Bahnhöfen → Hasenheide (heute: Südstern) und Bergstraße (heute: → Karl-Marx-Straße) verkehrte. Der Bahnsteig der Nord-Süd-Bahn war als große Halle angelegt, in die sich die Gleisanlagen der Gesundbrunnen-Neukölln-Bahn (kurz GN-Bahn genannt) wie ein Querriegel hineinschoben.

Die ersten Planungen für die beiden sich am Hermannplatz kreuzenden Linien begannen bereits Anfang des 20. Jahrhunderts. Die Nord-Süd-Bahn, die einen Teil der heutigen U7 umfasste, wurde von der Stadt Berlin auf den Weg gebracht. Da bei Planungsbeginn die Grenze Berlins zur Stadt → Rixdorf am Hermannplatz verlief, fanden zwischen den beiden Gemeinden komplizierte und langwierige Verhandlungen statt, an deren Ende Rixdorf sich breitschlagen ließ, den notwendigen Streckenausbau auf dem eigenen Stadtgebiet allein und auf eigene Kosten voranzutreiben. Wer weiß, ob nicht vor allem diese enormen finanziellen Verpflichtungen dazu beitrugen, die südliche

Amüsiervorstadt einige Jahre später in die Arme der sie umwerbenden Hauptstadt zu treiben. Jedenfalls wurde die ursprünglich geschlossene Vereinbarung hinfällig, als Neukölln 1920 zu einem Stadtteil des hektisch wachsenden Berlins wurde. Um mit den nun plötzlich wieder auf Berliner Seite liegenden Kosten nicht den Stadthaushalt zu belasten, gründete die Hauptstadtverwaltung für Bau und Betrieb der geplanten Trasse die Nordsüdbahn AG, eine stadteigene Gesellschaft – ein Schachzug, der auch heute noch allzu gerne praktiziert wird und mit dem so manche Kommune sich am Ende zur eigenen Überraschung selbst schachmatt gesetzt hat. Anders handhabe Berlin es mit der GN-Bahn. Hier bekam die AEG die Konzession zu Planung und Bau, die für die Ausführung ebenfalls eine ausgelagerte Aktiengesellschaft ins Leben rief – die AEG-Schnellbahn AG.

So furchtbar clever scheinen die geschaffenen gesellschaftsrechtlichen Konstellationen alles in allem nicht gewesen zu sein. Jedenfalls wurde viel Zeit verplempert, weil sich die beiden neuen Betreiberfirmen nicht über die Ausgestaltung des Kreuzungspunktes Hermannplatz einigen konnten. Nach schier ewigem Hin und Her verständigte man sich auf einen Bahnhof mit zwei unter der Straße Hasenheide gelegenen parallelen Bahnsteigen – also auf eine Lösung, die bei dem einige Jahre später gebauten U-Bahnhof Mehringdamm umgesetzt wurde. Nun hätte es endlich losgehen können, wäre nicht dummerweise der AEG-Mutterkonzern gezwungen gewesen, die AEG-Schnellbahn AG wegen der nach dem Ersten Weltkrieg schwierigen Wirtschaftslage in die Insolvenz zu schicken. So kann es gehen mit den ausgelagerten Gesellschaften! Einziger Vorteil dieser unerwarteten Wendung war, dass die Stadt Berlin nun praktisch mit sich selbst verhandeln und den mit der AEG geschlossenen ungeliebten Kompromiss noch einmal von Grund auf überarbeiten konnte. Statt der Parallel-Bahnsteige wählte man am Ende der diversen für den U-Bahnhof Hermannplatz angestellten Überlegungen die Turmkonstruktion mit den auf zwei Ebenen liegenden Trassenführungen, wie wir sie heute noch kennen. Diese wurde von dem Architekten Alfred Grenander geplant und umgesetzt, der neben dem Hermannplatz auch so repräsentative Stationen wie den Wittenberg- und den Alexanderplatz gestaltet hat. Besonders in den Anfangsjahren nutzte er bei seinen Bauten häufig Jugendstileinflüsse und neoklassizistische Elemente. Als das Geld nach dem Ersten Weltkrieg knapper wurde, musste er seine Formensprache allerdings notgedrungen reduzieren. Wesentliche Elemente seiner Entwürfe sind große, farbig gebrannte Wandfliesen oder auch mit Baukeramik verkleidete Stützen. Seine wichtigste Hinterlassenschaft ist jedoch das Prinzip der Kennfarben, bei dem sich jeder Bahnhof durch eine Farbe deutlich von den jeweils davor- oder dahinterliegenden Stationen unterscheidet. Diese Gestaltungsweise lässt sich noch gut auf den U-Bahnlinien 2, 5, 6 und 8 erkennen.

Sein Entwurf für den Hermannplatz setzte bei der Eröffnung in vielerlei Hinsicht Maßstäbe. Die größte Sensation waren aber die zwischen den Bahnsteigen verkehrenden Rolltreppen. Diese waren damals, man mag es kaum glauben, noch echte Tischlerarbeit, weil sie überwiegend aus Holz hergestellt waren. Grenanders Hermannplatz-Rolltreppen waren auf jeden Fall die ersten Rolltreppen, die man in Berlin zu sehen bekam – manche behaupten sogar, es seien die ersten Rolltreppen Deutschlands gewesen.

Entgegen aller oft einseitig negativen Medien-Berichterstattung gingen von Rixdorf/Neukölln trotz des chronischen Geldmangels noch viele weitere positive und innovative Impulse aus (➔ Film). Hier lag die Geburtsstätte der deutschen Turnbewegung (➔ Hasenheide) und des Musik- und Volkshochschulwesen. (➔ Musik) Schul- und Sozialreformer wie Fritz Karsen und Kurt Löwenstein (➔ Rütli-Schule) bekamen die Möglichkeit, ihre fortschrittlichen Ideen in die Realität umzusetzen, während sowohl die von Erich Saling aus der Taufe gehobene Perinatalmedizin als auch die von Max Schaldach mit entwickelte Technik für implantierbare Herzschrittmacher ihren Anfang in unserem Bezirk nahmen. Aber Neukölln war auch in anderen Bereichen nicht Nach-,

Der Sprachübertragungs-Apparat erfunden!

Nach jahrelangen Versuchen hat ein bekannter Neuköllner Erfinder in aller Stille einen Sprachtransformierungsapparat fertiggestellt, von dem wir heute unsern Lesern das erste Bild geben können: Ein Freund des Erfinders (...) spricht in das vor ihm stehende Mikrophon. Die im Hintergrund sichtbare Apparatur wandelt nun durch einige Kathodenröhren die Sprachwellen um. Wollte man sich in diesem Stadium der Sprachumbildung einschalten, so würde man eine völlig unbekannte Sprache vernehmen, da diese Transformierung für sämtliche Sprachen der Erde gemeinsam ist. Erst die auf dem Tisch stehenden kleinen Sprachübersetzer sieben aus dem Wellengemisch die richtigen Laute aus und geben den in das Mikrophon gesprochenen deutschen Text in einer ausländischen Sprache wieder. Der Erfinder hat bisher (...) Sprachübersetzer für englisch, französisch und spanisch konstruiert, die hier zum ersten Male ausprobiert werden.

Aus der Neuköllnischen Zeitung
vom 31.3.1932

sondern innovative Vorhut. Hier wurde zum Beispiel die Reformhose erfunden und in den 1920er Jahren zur Schlupfhose weiterentwickelt. Wer sich unter den Begriffen Reform- oder Schlupfhose nichts vorstellen kann: Beide waren quasi Vorläufer der in Neukölln auch heute noch zum Dresscode gehörenden Trainingshose – wobei der Begriff »Trainingshose« eine bei den meisten Neuköllner Nutzern eher nicht vorhandene körperliche Regsamkeit vorgaukelt. »Schlupfhose« beschreibt den Aggregatzustand der Träger sicher besser.

Wer nun denkt, Fortschrittliches sei einzig Teil einer, womöglich gar von mir verklärten, Neuköllner Vergangenheit, der irrt. In großem Stil! Denn auch in der Jetztzeit haben wir Revolutionäres zu bieten: 2010 zum Beispiel eroberte unser avantgardistischer Bezirk ein weiteres Mal Rolltreppen-Neuland. Vorreiter war dieses Mal das gerade frisch in den → Kindl-Boulevard eingezogene Neuköllner Jobcenter. In einem kreativen Akt unbedingter Behördenwillkür sperrte man für Hartz IV-Empfänger die aufwärts zum Amt rollende Treppe. Erst nach massiven Protesten der Betroffenen entschloss sich die Behörde schweren Herzens, die Rolltreppe wieder freizugeben. Ah, sorry, stimmt nicht. Hier bin ich offenbar Opfer einer Fehlinformation. Selbstverständlich gab das Jobcenter die Rolltreppe nicht frei, sondern sperrte sie kurzerhand auch für ihre eigenen Angestellten. Das glauben Sie nicht? Dann waren Sie vermutlich noch nie in unserer Partnerstadt Schilda.

Sie bleiben trotz meiner beeindruckenden Beispiele skeptisch und halten Neukölln auch weiterhin nicht für den bewundernswerten Hort des Fortschritts, der er nun einmal ist? Dann ist Ihnen entweder nicht zu helfen oder Sie kennen den Neuköllner Gründerpreis noch nicht. Der wird seit 1997 in unregelmäßigen und weder logisch noch mathematisch nachvollziehbaren Abständen vom Bezirksamt an innovative Neuköllner Unternehmensgründer vergeben. Den acht ausgewählten Finalisten winken sagenhafte Preise: Nicht zehn-, nicht zwölf-, nicht fünfzehn-, sondern unglaubliche achtzehntausend Euro werden ausgeschüttet. Bedauerlicherweise darf der Sieger diesen satten Betrag aber nicht für sich behalten, sondern muss ihn mit den sieben anderen Finalisten teilen …

Fourtyfour

Die Zahl 44 steht für Neukölln, weil das
der prozentuale Ausländeranteil an der
Gesamtbevölkerung des Bezirks ist

Bei Auftritten trage ich immer wieder gern ein T-Shirt mit dem Aufdruck »44«. Will ich damit meinem Stolz auf den 44-prozentigen Ausländeranteil Neuköllns Ausdruck verleihen? Ich sage deutlich: Nein! Was ich wirklich sagen möchte ist, dass ich ein alter Vierundvierziger bin. Und damit meine ich nicht mein Alter. Oder hat das angesichts meines ausgesucht jugendlich wirkenden Autorenfotos etwa jemand von Ihnen geglaubt? Der möge bitte vortreten und sich mir im Einzelkampf stellen. Drei gegen zwei.

Nein, ich spreche hier natürlich von den alten Berliner Postleitzahlen-Bezirken. Gut, die letzte große deutsche Postleitzahl-Reform ist inzwischen unglaubliche achtzehn Jahre her. Deswegen wissen vielleicht einige der jungen Leser gar nicht mehr, dass unsere Postleitzahlen vor langer, langer Zeit nicht fünf-, sondern vierstellig waren, und bei ihrer Einführung sogar nur zweistellig. Lasst mich kurz erzählen. Postleitzahlen gibt es nicht schon seitdem es professionelle Postbeförderung gibt, sondern erst seit dem Zweiten Weltkrieg. Grund für die Einführung dieses neuen Systems war, dass die meisten erfahrenen Postler zum Wehrdienst eingezogen worden waren und durch unerfahrene Aushilfskräfte und Fremdarbeiter ersetzt werden mussten. Diese waren geographisch oft völlig unbedarft, was zu erheblichen und sehr ärgerlichen Verlängerungen der Zustellzeiten führte. Also gab das Reichspostministerium am 25. Juli 1941 die Einführung von »Päckchenleitgebieten« bekannt, die anfangs tatsächlich nur für den Paketdienst galten. Drei Jahre später hatte sich das System bewährt und wurde auch auf Briefe übertragen. Alles war klar definiert: Die Postleitzahl sollte vor den Bestimmungsort in Klammern gesetzt und der Ort unterstrichen werden. Zu Beginn lief das ganz gut und die Postsendungen wurden fein säuberlich nach diesem Muster beschriftet. Das hielt allerdings nicht lange an und die Beschriftungsregeln wurden – zumindest in der neu gegründeten BRD – zunehmend weniger ernst genommen. Das ging so weit, dass die frustrierten Postler ernsthaft überlegten, die Zahlen wieder komplett abzuschaffen. Stattdessen entschied man sich 1962 für eine grundlegende Reform und die Aufstockung der Postleitzahlen auf vier Stellen. Wer zu faul ist, zwei Ziffern zu schreiben, den bestraft die Post also gleich mit vier! Das neue System berücksichtigte die im Grundgesetz festgeschriebene Prämisse, dass es nur ein einziges Deutschland geben konnte und sollte. Fürsorglich wurden also die Bereiche 1001 bis 1999, 2500 bis 2699, 3600 bis 3999 und 9000 bis 9999 für die hinter dem Eisernen Vorhang verschwundene DDR reserviert. Um die unerhört neuartige Regelung im Bewusstsein der Bevölkerung zu verankern, schuf man 1964 in Zusammenarbeit mit dem erst ein Jahr zuvor gegründeten ZDF die äußerst erfolgreiche TV-Show »Vergissmeinnicht«, wobei sich diese Aufforderung selbstverständlich nicht auf den damals noch mit Reichweitenproblemen kämpfenden Sender, sondern auf die Postleitzahlen bezog. Ständige Protagonisten der von 1964 bis 1970 77 Mal ausgestrahlten Samstagabend-Show waren der Moderator Peter Frankenfeld, den man sich als den Thomas Gottschalk der sechziger Jahre vorstellen darf, und sein etwas täppischer Gehilfe, der Geldbriefträger Walter Spahrbier, der unter anderem die Gewinner der Lotterie »Aktion Sorgenkind« verlesen durfte. Im Gegensatz zu all den Retortenzombies, die einem heutzutage das Fernsehen verleiden, war Herr Spahrbier eine durch und durch authentische Figur. Ein Geldbriefträger nicht der Show, sondern von Berufs wegen, der außerdem in seinem Namen geschickt die beiden Grundpfeiler des deutschen Kleinbürgerlebens vereinte: Auf der einen Seite das Maß halten (das »h« beim Spahr ignorieren wir mal wie der

Duden das »p« beim Kebab (→ Döner)) und auf der anderen das Bier. Vielleicht überflüssig zu erwähnen, dass sich auch der Lotterietitel nicht auf das ZDF bezog.

Das von der Show promotete neue postalische System unterteilte die Republik in acht Leitzonen, die sich an den acht wichtigsten westdeutschen Großstädten orientierten. Um die großen Städte, n denen gängige Straßennamen mehrfach vergeben sind, zuverlässig und schnell beliefern zu können, benötigte die Post zusätzlich zur Postleitzahl auch die Angabe des Zustellpostamtes. Und jetzt kommt die 44 ins Spiel: Raten Sie mal, welche Zustellnummer Neukölln nach dem damaligen System hatte. Sie haben es erfasst: 1000 Berlin 44. So weit, so hoffentlich nachvollziehbar. 1993 kam es dann aufgrund der nach dem Mauerfall hinzugekommenen neuen Bundesländer zu der bislang letzten Postleitzahl-Reform, der Umstellung auf fünfstellige Ziffern. Da die DDR nämlich 1965 ein ebenfalls vierstelliges Leitzahlensystem eingeführt hatte, waren die vom damaligen Bundespostminister Richard Stücklen für den Fall der Wiedervereinigung reservierten Zahlenbereiche nicht wirklich hilfreich. Stattdessen mussten sich die Postkunden mit einem O beziehungsweise einem W vor der eigentlichen Postleitzahl behelfen. Das aber förderte nicht gerade das Zusammenwachsen des laut Willy Brandt angeblich Zusammengehörenden.

Aber kommen wir nochmal zurück zu der magischen Zahl 44. Wir waren als Heranwachsende stolz darauf, Vierundvierziger zu sein. Dieser Stolz hat sich meines Wissens bei den nachwachsenden Generationen erhalten. Der Unterschied ist einzig, dass man heutzutage nicht mehr »vierundvierzig«, sondern neudeutsch »fortyfour« ist. Daher bin ich im Gegensatz zu Douglas Adams fest davon überzeugt, dass die Antwort auf die ultimative Sinnfrage nicht »42« lautet, sondern »44«.

Fußball

Neuköllner sind gute Fußballspieler

Nun gut, wer mich zufällig persönlich kennt, weiß, dass diese Behauptung ganz zweifellos falsch ist. Dabei kann ich gar nicht erklären, warum ich solch ein bemitleidenswert schlechter Fußballer bin. Denn eigentlich bin ich ein sehr passionierter und auch nicht ganz unbegabter Sportler. Und selbst meine vor einigen Jahren absolvierte Stuntman-Ausbildung habe ich mit einer gewissen Bravour überstanden.

Aber Fußball, neeeee. Zu sagen, ich hätte zwei linke Füße, wäre eine schamlose Untertreibung. Ich bringe eher die fußballerische Qualität eines mit lauter linken Füßen ausgestatteten Tausendfüßlers auf den Platz. Kein Wunder, dass man mich beim Schulsport immer erst dann in die Mannschaft gewählt hat, wenn bestenfalls noch der einbeinige Hausmeister als Alternative zur Verfügung stand. Ich bin aber nicht nur ein schlechter Spieler, ich guck auch nicht besonders gern Fußball. Okay, wenn Deutschland gegen die Türkei spielt, da raff ich mich schon mal auf. Hin und wieder schau ich auch mal bei einer wichtigen Partie von Türkiyemspor vorbei. Aber in Wahrheit nur deswegen, weil ich die Leute dort so nett finde. Das Spiel schau ich mir eher im Unterbewusstsein an, während ich entweder angeregte Unterhaltungen führe oder über lustige Geschichten für mein Bühnenprogramm nachdenke.

Egal, ich soll und will hier nicht ständig über mich reden. Entschuldigung, Herr Verleger! Um zu erkennen, dass → Neukölln nicht unbedingt für guten Fußball steht, reicht schlicht ein kurzer Blick in die Bundesliga-Annalen. In der Saison 1965/1966 stellte ein Berliner Verein einen inzwischen geradezu Sagen umwobenen Rekord auf, der mit an Sicherheit grenzender Wahrscheinlichkeit Bestand für die Ewigkeit oder alternativ zumindest für die nächsten zweitausend Jahre haben wird. Dieser Verein hieß SC Tasmania 1900 Berlin, stammte selbstverständlich aus Neukölln und hatte überhaupt nur durch sportpolitische Ranküne einen Startplatz in der erst zwei Jahre jungen Fußball-Bundesliga erhalten. Auslöser war wieder einmal die alte Skandalnudel Hertha BSC, deren aktuelle Vereinshymne übrigens der Neuköllner Frank Zander singt. (→ Berühmtheiten → Hymne) Kein gutes Omen, wie ich angesichts der Dinge, die ich Ihnen gleich erzählen werde, finde. In jenen frühen Tagen des Profikickens gab es unglaublicherweise weder Trikotsponsoren (wen es interessiert: die erste Mannschaft, die mit Werbung auflief, war am 24. März 1973 Eintracht Braunschweig, die das Jägermeister-Logo auf der Brust trug) noch durften an die Spieler »überhöhte Prämien« ausgezahlt werden. Mein gesunder Menschenverstand sagt mir zwar, dass kein Club sich an diese lebensfremde Prämienbeschränkung hielt, schließlich nahmen alle Vereine auch damals schon viel Geld ein. Die Einzigen, die jedoch blöd genug waren, sich erwischen zu lassen, waren – für jeden waschechten Berliner null Überraschung – die Herthaner. Und da der Deutsche Fußballbund in jenen Zeiten noch auf die alten Elf-Freunde-sollt-ihr-sein-Werte setzte, wurden die Ha-Ho-He-ler prompt aus der Bundesliga ausgeschlossen. Damit aber hatte nicht nur der Club von der Panke plötzlich ein unerwartetes Problem mehr auf der Tagesordnung, sondern auch der DFB. Immerhin war Berlin ja im damaligen Kalten Krieg das »Schaufenster des Westens«, weswegen gefälligst ein Berliner Verein in der höchsten Fußballklasse präsent zu sein hatte. Was also tun, überlegte Herrmann Gösmann, der damalige, heute der Vergessenheit anheim gefallene, DFB-Präsident. Die Antwort lag nahe: Wir nehmen einfach den Erstplatzierten der West-Berliner Regionalliga und verdonnern ihn zum Zwangsaufstieg. Das liest sich für heutige Augen wahrscheinlich dramatischer als es damals war. Denn während Regionalligamannschaften heutzutage viertklassig sind, standen sie zu jener Zeit noch für solide Zweitklassigkeit. Das heißt, die Erstplatzierten der diversen Regionalligen spielten in einer kompliz erten Ausscheidungsrunde die beiden Bundesliga-Aufsteiger aus. Nun kommt aber der eigentliche Clou: Als die Entscheidung über den Hertha-Nachrücker anstand, war die erwähnte Aufstiegsrunde schon gelaufen und der West-Berliner-Meister Tennis Borussia Berlin (das is: wirklich ein Fußballverein, obwohl da Tennis steht, aber das ist eine andere Geschichte) schmählich gescheitert. Dadurch kam es bei den DFB-Granden offenbar zu einem geistigen Kurzschluss, der zu folgendem aberwitzigen Dreisatz führte:

- Von deutschem Boden darf nie mehr eine Bundesliga ohne Berliner Mannschaft ausgehen.
- Der Berliner Meister ist zu schlecht für die Bundesliga, also verdonnern wir besser den Vizemeister zum Aufstieg.
- Keine Idee kann so blöd sein, dass sie ein Berliner nicht trotzdem ausführen würde.

Tasmanias unschlagbare Bundesliga-Rekorde:

- Letzter Rang in der ewigen Bundesliga-Tabelle
- Wenigste Tore aller Zeiten
- Meiste Gegentore aller Zeiten
- Wenigste Pluspunkte aller Zeiten
- Meiste Niederlagen aller Zeiten
- Einziger Bundesligaverein ohne Auswärtssieg
- Längste Serie ohne Sieg in Folge (31 Spiele!!)
- Höchste Heimniederlage aller Zeiten
  (0:9 gegen den Meidericher SV)
- Bundesliga-Spiel mit den wenigsten Zuschauern
  (827 gegen Borussia Mönchengladbach)

Die vom DFB in Punkt drei aufgestellte Hypothese war allerdings falsch. Richtig hätte sie lauten müssen:

– Keine Idee kann so blöd sein, dass sie ein Neuköllner nicht trotzdem ausführen würde.

Der Spandauer SV wurde nämlich als Nächster umgarnt, wollte sich aber als Regionalliga-Zweiter in der Bundesliga nicht zur Lachnummer degradieren lassen und verweigerte den Gehorsam. Also ging der DFB noch eine Treppe tiefer und fragte den Drittplatzierten der Berliner Regionalliga. Und weil der Verein Tasmania 1900 und seine gesetzlichen Vertreter aus Neukölln kamen, sagten die unverantwortlichen Verantwortlichen einfach: »Ja! Klar! Warum nicht?«

Das absehbare Ende der von A bis Z lachhaften Geschichte las sich dann so: in 34 Spielen brachte es die komplett überforderte Mannschaft auf 15:108 Tore und 8:60 Punkte. Kaum zu glauben, aber es gab trotz dieser verheerenden Bilanz eine Mannschaft, die tatsächlich dämlich genug war, keines der beiden Spiele gegen den zuverlässigen Punktelieferanten Tasmania zu gewinnen – den 1. FC Kaiserslautern.

Gastarbeiter → Ausländer II

Gemüsehändler

Die meisten Türken in Neuköllr sind
Obst- und Gemüsehändler

Mit 28.800 Arbeitsplätzen, 780 Ausbildungsbetrieben, einem Umsatz von 23 Milliarden und einem Investitionsvolumen von 913 Millioner Euro sind die rund 6.000 Unternehmer türkischstämmiger Migranten ein wichtiger Faktor für die Wirtschaft Berlins. Laut einer Untersuchung des Zentrums für Türkeistudien sind türkische Selbstständige mittlerweile in allen Branchen tätig. Auch wenn in der Tat noch mehr als ein Viertel der Unternehmen im Einzelhandel angesiedelt ist (was noch lange nicht heißt, dass diese alle Obst- und Gemüsehändler sind (→ Gropiuspassagen)), so ist der zweitstärkste Sektor mit 23,5 Prozent inzwischen das Dienstleistungsgewerbe. Das ist wenig verwunderlich, ist dieser Bereich doch sehr breit gefächert – von der Gebäudereinigung über Gutachter und Sachverständige, Kosmetikinstitute, Taxiunternehmen, Rechtsanwälte, Steuerberater bis hin zu Computer-, Marketing- und Consultingunternehmen.

Um aber naheliegende Vorurteile und Polemiken schon im Keim zu ersticken: Die typischerweise Türken zugerechneten Betriebe wie Friseursalons, Änderungsschneidereien oder Schuh- und Schlüsseldienste zählen nicht zur boomenden Kategorie Dienstleistungen, sordern zu den sogenannten handwerksähnlichen Betrieben, die nur rund zehn Prozent der gesamten von Türken betriebenen Unternehmen ausmachen. Schaut man sich einzig die Neugründungen der letzten Jahre an, so wurden neben Einzelhandels-, Gastronomie- und Dienstleistungsunternehmen insbesondere Betriebe des verarbeitenden Gewerbes gegründet.

Der wuselige Wochenmarkt am Maybachufer lockt Kunden aus ganz Berlin an.

Die meisten türkischstämmigen Unternehmen sind inzwischen außerdem gut in das allgemeine Wirtschaftsleben Berlins eingebunden. Nur noch knapp ein Fünftel rekrutiert seine Kunden hauptsächlich aus der eigenen Ethnie. Auch die Lieferanten und Dienstleister sind inzwischen überwiegend Deutsche, ebenso wie ein Drittel der Betriebe auch Mitarbeiter deutscher Herkunft beschäftigt und damit dem bundesdeutschen Arbeitsmarkt Arbeitsplätze zur Verfügung stellt. Im Durchschnitt erreichen die Firmen immerhin einen Jahresumsatz von circa 386.000 Euro und investieren jährlich gut 152.000 Euro. Sie sind also für Berlin und Deutschland ein nicht zu unterschätzender Wirtschaftsfaktor. Was mich zu dem anfangs angeführten Irrtum zurückführt, der große Ähnlichkeit hat mit der Aussage Thilo Sarrazins, eine große Zahl an Arabern und Türken habe keine produktive Funktion, außer für den Obst- und Gemüsehandel. Es wird ja gern behauptet, dass der ehemalige Bundesbanker mit seinen bewusst provokant formulierten Thesen zwar etwas über das Ziel hinausgeschossen sei, aber dennoch den einen oder anderen richtigen Denkanstoß gegeben habe. Ich sehe das etwas anders. Bei hochsensiblen gesellschaftlichen Themen mit unsachlicher Polemik Öl ins Feuer zu gießen, empfinde ich als vorsätzliche geistige Brandstiftung. Herr Sarrazin sollte einmal darüber nachdenken, warum ausgerechnet die NPD-Fraktion Sachsen ihm 2009 den Posten eines Ausländerbeauftragten angeboten hat. Ist das wirklich die Ecke, in der er zukünftig stehen möchte?

Gentrifizierung

Neukölln ist Berlins Lower Eastside

Kann man eigentlich noch eine Zeitschrift aufschlagen, ohne nach wenigen Seiten auf das Wort »Gentrifizierung« zu stoßen? Ich glaube nicht. »Gentrifizierung« ist zweifellos der Begriff der Stunde und irgendwie scheint er im allgemeinen Sprachgebrauch als neues Synonym für Hipness zu gelten. Hey, wohnst du noch oder gentrifizierst du schon?

Dabei bezeichnet Gentrifizierung soziologisch gesehen erst einmal nur den Austausch einer Bevölkerungsstruktur durch eine reichere, die einhergeht mit einer vollständigen Veränderung der Alltagsstruktur in dem betroffenen Quartier. Es handelt sich also salopp gesagt um eine andere Bezeichnung für Verdrängungswettbewerb auf dem Immobilienmarkt. Hip ist daran bestenfalls, dass der Wandel in der Regel durch Studenten oder junge Künstler in Gang gesetzt wird, die nach günstigem Wohn- oder Gewerberaum suchen und ein erschwingliches Viertel anschließend durch ihre Anwesenheit und Aktivitäten aufwerten. (➜ 48 Stunden Neukölln ➜ Kultur) Diese Aufwertung zieht nach und nach einkommensstarke Interessenten an und so wird im Laufe der Zeit die bisherige Bevölkerungsstruktur durch eine neue ersetzt. (➜ Mieten)

Solche Veränderungen konnte man in Berlin in den Jahren nach dem Mauerfall wie im Zeitraffer studieren. In wenigen Jahren verwandelten sich erst der Prenzlauer Berg und anschließend der Friedrichshain von eher ärmlichen Wohnbezirken in angesagte und vergleichsweise teure Szenekieze. Nun werden die Medien nicht müde, ➜ Neukölln eine ähnliche Entwicklung vorherzusagen. Das ist aber schon deswegen Unsinn, weil Neukölln als Ganzes dazu a) viel zu groß und b) in seiner Gesamtstruktur viel zu heterogen ist. Zwar sind wegen der steigenden Mieten in den Nachbarbezirken Friedrichshain und Kreuzberg in den letzten Jahren nachweislich immer mehr kreative und junge Menschen nach Neukölln gezogen. Aber obwohl ihr Einkommen etwas höher ist als das der alteingesessenen Bevölkerung, ist es im Berliner Durchschnitt weiterhin sehr niedrig. Es wäre also absurd, bei diesen Neubewohnern von »Gentrifyern« zu sprechen. Um Verdrängungsprozesse in größerem Umfang anzustoßen, bedarf es einer entsprechend lebhaften Nachfrage nach Wohnraum. Und die ist in Gesamt-Neukölln nach wie vor nicht vorhanden.

Der Irrtum um den angeblichen Neukölln-Hype ist aber leicht zu erklären. Immer, wenn in um ihre Auflage kämpfenden Stadtzeitschriften oder wilden alkoholgeschwängerten Kneipengesprächen von Neuköllns unaufhaltsamem Aufschwung fabuliert wird, ist eigentlich Nord-Neukölln beziehungsweise ganz genau gesagt der Kiez um die Reuterstraße gemeint. Dieses Gebiet zwischen Maybachufer, Weichselstraße, Sonnenallee und Kottbusser Damm wird von gut 19.000 Menschen bewohnt und hat tatsächlich eine erstaunliche Entwicklung hinter sich. 2007 im Senatsbericht zur Stadtentwicklung noch als eine der größten Problemgegenden Berlins geschmäht, fand dort in den letzten drei Jahren ein unübersehbarer Aufschwung statt. Hier kann es wie im Oktober 2010 tatsächlich vorkommen, dass sich fünfzehn Leute bei einer Wohnungsbesichtigung spontan zu einem Flashmob zusammenfinden, der sich nackt auszieht und im Chor »zu teuer, zu teuer« skandiert. Szenen wie sie zum Beispiel im südlichen Neukölln undenkbar wären, wo Immobilieneigentümer froh sind, wenn sich für ihre leerstehenden Wohnungen überhaupt mal jemand interessiert.

Avantgarde im wahrsten Wortsinn waren im Reuterkiez ein paar in der Nähe der Reuterstraße wohnende Studenten der Filmhochschule Babelsberg, die vor einigen Jahren in der Friedelstraße die »Kinski-

Bar« eröffneten und damit den bisher in dieser Gegend regierenden verqualmt-piefigen Eckkneipen die erste coole Szene-Location entgegensetzten. Seitdem schießen in diesem Karree Bars und Kneipen aus dem Boden wie die Pilze, die hier vorher die feuchten Fassaden der baufälligen Häuser bedeckten. Dazu gehören viele eher ungewöhnliche Konzepte wie das direkt neben dem »Kinski« angesiedelte laotische Restaurant »Jimmy Woo«. Echte French-Indochine Cuisine ohne Kompromisse für den empfindlichen deutschen Gaumen. Oder die »Kuchenmafia« in der Sanderstraße, wo sich unausgelastete alleinerziehende Elternteile selbst gebackene vegane Schokotorte und Latte mit Sojamilch schmecken lassen. Alternative Modemacher verkaufen T-Shirts mit schönen Aufschriften wie »Fuck Fashion«. Der Problemwurde also fast über Nacht zum Partykiez, oder um es in der sehr bildhaften Sprache der nachwachsenden Generation zu sagen: Die Gegend ist inzwischen richtig gefickt.

Maßgeblichen Anteil an dieser Entwicklung hatte die von der Architektin Stefanie Raab (nein, hier besteht keine Verwandtschaft zu dem einschlägig bekannten totalen TV-Moderator) und der Stadtplanerin Maria Richarz gegründete Zwischennutzungsagentur, die im Auftrag des »Quartiersmanagements Kunst« Kleingewerbetreibende in leerstehende Gewerberäume vermittelte und damit allein 2008 gut zweihundert neue Arbeitsplätze schuf. Oder ein Verein wie das »Gelegenheiten«, dessen Name von einem alten herumliegenden Trödlerschild inspiriert wurde und der das Musikfestival »Weserrakete« organisiert. Inzwischen nehmen an diesem Event über zwanzig Locations teil und präsentieren den ganzen Abend Rock, Elektro, Soul und Jazz. Ein festes Konzept gibt es nicht. Jeder macht sein eigenes Programm, bei den einen geht es bereits um vier Uhr nachmittags los, bei den anderen erst um zehn Uhr abends. Das Festival ist so unorganisiert und spontan wie vieles im ehemaligen → Rixdorf. Nur eine einzige Regel gilt, die früher in Rixdorf sicher ebenfalls verbindlich war: Vor Sonnenaufgang wird nicht aufgehört!

Eines ist jedenfalls klar: Vielen Alteingesessenen stoßen all diese neuen Entwicklungen und Aktivitäten sauer auf. Die Mietsteigerung zum Beispiel liegt im Reuterkiez, für den Immobilienmakler, die ihre Ware etwas aufwerten wollten, den beschönigenden Begriff »Kreuzkölln« erfanden, mit etwa vier Prozent um einiges höher als der Berliner Durchschnitt von 1,1 Prozent. Begehrte Wohnungstypen wie die Drei-Zimmer-Vorderhauswohnung mit Balkon sind dort knapp und es wurden offenbar auch schon internationale Fondsgesellschaften ertappt, wie sie von deutschen Banken Kredite für Wohnobjekte im Reuterkiez aufkauften. Apropos »Kreuzkölln«: ganz freche Vermieter fabulierten in ihren Wohnraumanzeigen, die Bezirksgrenzen komplett negierend, gar von Kreuzberg-Süd!

Wer in Berlin nach Gegenden mit sinkenden Mieten sucht, ist nach der letzten Mietpreisstatistik in Neukölln inzwischen falsch aufgehoben und sollte sich lieber in Bezirken wie Spandau umschauen. Lassen wir die Kirche trotzdem im Dorf. Während in Friedrichshain ein Quadratmeter etwa sieben Euro kostet, liegen die Mieten im »dreckig billigen Working Class Viertel« wie letztens ein Lifestyle Magazin Neukölln blumig bezeichnete, im Schnitt noch bei 5,25 Euro pro Quadratmeter. Kann man also den Reuterkiez mit ein wenig Phantasie als »Gentrification im Wartestand« bezeichnen, liegt Neukölln als Ganzes immer noch in der beschaulichen Ruhe vor dem womöglich niemals auftretenden Sturm.

Gesangsgemeinschaft Neukölln → Hymne
Geyer, Karl → Film
Gropius, Walter → Aufstieg → Gropiusstadt

Gropiuspassagen

In Neukölln gibt es nur
kleine türkische Einzelhändler

Rein subjektiv kommt es mir so vor, als ob sich die Mehrzahl der in Berlin zweifelsohne zahlreich vorhandenen türkischen Einzelhändler eher in Kreuzberg als in → Neukölln angesiedelt hätte. Andererseits kann ich nicht bestreiten, dass der bekannteste, größte und beste türkische Wochenmarkt dienstags und freitags am Maybachufer und damit eindeutig auf Neuköllner Gebiet stattfindet. (→ Gemüsehändler) Ins Leben gerufen wurde dieser – gern auch Türkenmarkt genannte – Warenumschlagplatz aber keineswegs von geschäftstüchtigen Orientalen, sondern von dem Deutschen Rainer Perske. Der hat sich inzwischen ein kleines Imperium aufgebaut und organisiert in Neukölln insgesamt acht Märkte. Neben dem türkischen Markt, den der umtriebige Checker neuerdings trendsettend in »Bioriental« umgetauft hat, zum Beispiel auch »Neuköllner Stoff«. Ebenfalls am Maybachufer angesiedelt, findet der interessierte Kunde dort außer bunten Berlin-Fotos und Stoffen geblümte oder karierte Kissen, Schmuck aus Kolumbien, Biogemüse, Espresso oder kleine Leinwände, auf die »Liebe und Glück« gestickt ist: Ein bisschen heile Welt mitten im angeblichen Problembezirk. Man könnte auch sagen: ein bisschen Prenzlauer Berg.

Perskes Erfolg hat auf la rive gauche des Landwehrkanals mittlerweile erwartungsgemäß Konkurrenten auf den Plan gerufen. So organisieren die beiden Designerinnen Chardia Budiman und Min-Wa Chung seit Sommer 2009 »Sideseeing« mit einem ähnlichen Warenangebot wie »Neuköllner Stoff«. Und auch auf dem »Flowmarkt« von Michael Groß gibt es einmal monatlich Ähnliches zu kaufen, allerdings findet der Besucher hier weniger Design und dafür mehr Trödel. Perske und die Sideseeing-Betreiberinnen haben darum für seine Flohmarktstände wenig übrig – die bedienen ihrer Meinung nach nur das alte Klischee vom armen Neukölln.

»Der schönste Platz Neuköllns«, wie Perske ihn nennt, ist eben begehrt, jetzt wo anscheinend neues, zahlungskräftiges Publikum in den Kiez gespült wird. Nun, wie wir ja bereits gelernt haben (→ **Gentrifizierung**), wird dieses unzweifelhaft zu Neukölln gehörende Gebiet in letzter Zeit gerne als »Kreuzkölln« gehandelt. Warum auch klare Grenzen ziehen und das Kind beim wahren Namen nennen? Bloß keine deutliche Position einnehmen, man könnte sich ja – Gott bewahre – etwas verbauen ... Diese Wischiwaschi-Haltung scheint mir inzwischen das typischste Kennzeichen der in unserer Stadt allgegenwärtigen digitalen Bohème, die ihren Tag vor dem Laptop sitzend im Cafe verbringt und am unvermeidbaren Latte-Macchiato nippt – der bestimmt nicht zufällig selbst ebenfalls so ein unentschiedenes Mischprodukt ist.

Genug genörgelt, kommen wir zum Punkt: Es gibt in Neukölln türkische Einzelhändler, klar. Es sind auch nicht unbedingt wenige. Würde man jedoch all ihre Verkaufsflächen zusammenfassen, würden sie noch nicht einmal die Hälfte der Gropiuspassagen füllen. Die Gropiuspassagen, die viele Berliner bestenfalls dem Namen nach kennen, sind nämlich – man lese und staune – das größte zusammenhängende Einkaufszentrum der Hauptstadt. Vergessen Sie Kudamm, Friedrichstraße, Tauentzien und wie diese zwar angeberisch-luxuriös daherkommenden, aber letztlich kleinstädtisch-piefigen Einkaufsmeilen alle heißen – das wahre Konsumzentrum Berlins, sozusagen der Einkaufsbeutel der Stadt, befindet sich natürlich in Neukölln.

180 Geschäfte auf 85.000 Quadratmeter Verkaufsfläche. Das mag sich für den ein oder anderen, der im Matheunterricht lieber Papierflieger gebaut hat, nach gar nicht sooo viel anhören. Darum mal anschaulich: Um alle Geschäfte auch nur einmal von außen gesehen zu haben, braucht man eine gute Stunde. Auch das mag einigen Müßig-

Hasen sind in den Gropiuspassagen der Renner. Hier in der Ausstellung »Eigypten« mit Tutanch Eimun.

gängern, Rentnern oder Studenten nicht sooo viel erscheinen, aber für die meisten der in den Gropiuspassagen einkaufenden Berufstätigen ist Zeit Geld, und da kann eine Stunde schon durchaus ein größeres Loch in das Budget reißen.

Beeindruckender als all diese Superlative sind aber die diversen Events, die das Centermotto »Mehrwert durch Service und Veranstaltungen« beziehungsweise den etwas volksnäheren Slogan »Lebe nicht über deine Verhältnisse, aber lebe« anschaulich umsetzen. Nicht nur, dass in den Gropiuspassagen schon vor einiger Zeit das im Rest der Republik erst jetzt als letzter Konsumschrei geltende Mitternachtsshopping erfunden wurde. Ein weiteres Highlight der 2010 insgesamt 44 Veranstaltunger ist zum Beispiel die österliche Hasenschau mit mechanisch animierten Langohren, die unter dem geistvollen Namen »Hoppelwood« klassische Szenen aus Hollywood-Filmen nachstellen. Leider habe ich mir dieses hochinteressante Programm noch nicht selbst zu Gemüte führen können, aber mechanisierte Hasen, die »Pretty Woman«, »Harry Potter« oder gar »Avatar« nachstellen, sind sicher der absolute Knaller. Die 3D-Effekte von James Camerons Mega-Knaller sind angesichts der Dreidimensionalität der Hoppelrammler wahrscheinlich nicht einmal das große Problem. Und wenn der maschinelle Richard-Gere-Mümmelmann der ebenfalls seriell hergestellten Julia-Roberts-Häsin seine Meister-Lampe-Kreditkarte in die Pfote drückt, sind Standing- oder möglicherweise gar Hoppeling-Ovations gewiss nicht fern.

Absoluter und nicht zu toppender Publikumskracher ist und bleibt in den Gropiuspassagen jedoch die in jedem Juni stattfindende Versteigerung herrenloser Lufthansa-Gepäckstücke. Leider habe ich nicht herausfinden können, ob all die dazu anreisenden Wäschefetischisten eher zu den 75 Prozent Gropiuskunden aus einem Umkreis von acht Kilometern oder zu den 25 Prozent aus dem südlichen Umland gehören. Als standesbewusster Neuköllner tippe ich mal: ganz klar südliches Umland.

Gropiusstadt

Die Gropiusstadt ist das größte
Trabantenviertel Berlins

Um die Antwort gleich vorwegzunehmen: Ob diese Aussage als Irrtum durchgeht, hängt von der Wahl der Bezugsgröße ab. Orientiert man sich an der Fläche, dann ist das Märkische Viertel mit satten 3,2 Quadratkilometern um einiges größer als die Gropiusstadt mit ihren schlappen 2,66 Quadratkilometern. Schaut man sich dagegen die Einwohnerzahl an, dann ist die Gropiusstadt mit prallen 35.844 Bewohnern (Stand 30. Juni 2008) tatsächlich Berlins größte Trabantenstadt. Das Märkische Viertel bringt es nämlich »nur« auf 34.435 Einwohner.

Beide Siedlungen haben jedenfalls einiges gemeinsam: Sie wurden in den sechziger und siebziger Jahren des vorigen Jahrhunderts konzipiert und gebaut und galten lange Zeit als bundesweit anerkannte Musterbeispiele misslungener Bauplanung. Trotzdem haben beide die Zeiten überdauert und ihre Wohnflächen sind, bei inzwischen verbessertem Image, fast vollständig vermietet.

Das ist durchaus überraschend, denn der Ruf von Gropiusstadt und Märkischem Viertel war teilweise derart schlecht, dass es für sensationshungrige Touristen sogar organisierte Busfahrten durch die »schlimme Wohngegend« des Märkischen Viertels gegeben haben soll. Dabei waren beide Satellitenstädte zum Zeitpunkt ihrer Konzipierung der Inbegriff bewohner- und naturfreundlicher Städteplanung. (→ Architektur → Aufstieg) Die Gropiusstadt hatte der legendäre Bauhaus-Architekt Walter Gropius unter die Losung »Licht, Luft und Sonne!« gestellt. Dinge, die er in den dicht bebauten Gründerzeitvierteln der Berliner Innenstadt mit ihren lückenlos aneinandergereihten Altbauten und zigfachen Hinterhöfen offenbar vermisste. Demzufolge sah seine Planung eine aufgelockerte Hochhausbebauung mit zahlreichen Freiflächen vor. Bürgerfreundlich sollte auch der neunzigprozentige Anteil an Sozialbauwohnungen sein.

Leider hatte man nicht ausreichend bedacht, dass neu angelegte Grünflächen einige Zeit brauchen, bis sie ihren vollen Charme entfalten. So gähnten die Siedlungsbewohner in der Anfangszeit nur so riesige wie trostlose kahle Freiflächen an, deren Aufenthaltsqualität gen null tendierte. Kein Wunder, dass die wahrscheinlich ihren ehemaligen Kiezen nachtrauernden Mieter lieber in ihren vier Wänden hocken blieben und sich ein lebendiges soziales Leben kaum entwickelte. Die teils recht dunklen Ecken und anonymen Treppenhäuser taten ein Übriges, um die mit so hehren Zielen gebauten Großsiedlungen schnell zu einer aus tiefster Seele ungeliebten Wohngegend zu machen. Wie rasch so etwas gehen kann, habe ich selbst vor einigen Monaten bei einem Spaziergang durch das 1992 entstandene Olympische Dorf in Barcelona gesehen. Unglaublich, wie heruntergekommen und Unbehagen einflössend diese ursprünglich doch recht luxuriös konzipierte Gegend nach noch nicht einmal zwanzig Jahren inzwischen wirkt.

Aber zurück in die Heimat. Ihr katastrophales Image verdankten sowohl das Märkische Viertel als auch die Gropiusstadt trotz aller unbestreitbaren Probleme letzten Endes wohl vor allem einem grundlegenden Paradigmenwechsel im Städtebau. Um 1968 herum, als beide Viertel noch mitten in der Bauphase steckten, wandten sich mehr und mehr Architekten und Stadtplaner von der Idee der Retortensiedlungen ab und bevorzugten stattdessen die Renovierung und Weiterentwicklung mehr oder weniger organisch gewachsener Innenstädte. »Altbausanierung« und »Erneuerung alter Stadtviertel« wurden plötzlich die neuen, bis heute gültigen Schlagworte und die beiden Trabantenstädte wurden schon vor ihrer Fertigstellung zum ungeliebten Sinnbild hoffnungslos rückständiger architektonischer Ideen. Es kam sogar so weit, dass bereits 1968 eine Ausstellung an der Technischen Universität das Konzept des noch gar nicht fertiggestellten Märkischen Viertels aufs Heftigste kritisierte. Die Presse zog nach und als in den Medien dann noch Berichte über Selbsttötungen von unglücklichen Mietern erschienen, war der schlechte Ruf der Siedlung perfekt.

Bei der Gropiusstadt war es dagegen vor allem ein legendärer Bestseller, der das ebenfalls bereits ramponierte Image endgültig und nachhaltig schädigte: »Wir Kinder vom Bahnhof Zoo« von Christiane F. schildert die sozialen Probleme und die Trostlosigkeit der Neuköllner Großsiedlung derart anschaulich und eindrucksvoll, dass bestenfalls noch lebensmüde Junkies freiwillig dahin gezogen wären.

Inzwischen ist es den zuständigen Wohnungsbaugesellschaften beider Siedlungen gelungen, den negativen Trend durch massive Investitionen in die Infrastruktur umzukehren. Vielleicht könnte sich heute also gar Walter Gropius damit anfreunden, dass die Neuköllner Großsiedlung seinen Namen trägt. Gefragt wurde er nämlich nie. Weil die Namensgebung erst 1972 und damit drei Jahre nach seinem Tod erfolgte, konnte er hierzu nicht mehr so richtig Stellung nehmen. Angesichts seiner zahlreichen mit dem Bauträger ausgetragenen Meinungsverschiedenheiten und dem lange Zeit negativen Image der Wohnstadt ist aber kaum anzunehmen, dass er auf diese Ehrung wirklich erpicht gewesen wäre.

Hafen

Der Neuköllner Hafen hat heute
keine Funktion mehr

Neuköllner HAFEN? Es gibt sicher nicht wenige Berliner, die auf die Frage, ob Neukölln einen Hafen besitze, mit einem deutlichen »Nein« antworten würden. Kulturbeflissenen wiederum würde in dem Zusammenhang wahrscheinlich eher der im ehemaligen Saalbau Neukölln angesiedelte »Heimathafen Neukölln« einfallen. (➜ Architektur ➜ Kultur) Aber, liebe Leser, lasst es euch hiermit gesagt sein: Es GIBT einen Neuköllner Hafen. Ich weiß es sicher, denn ich war schon einmal da. Und trotz seines geringen öffentlichen Bekanntheitsgrades existiert der Hafen Neukölln nicht nur einfach, sondern bringt seiner Eigentümerin, der im Besitz des Landes Berlin befindlichen BEHALA GmbH, auch recht gute Einnahmen. Zwischen 1912 und 1922 im Gebiet an der Lahnstraße entstanden und heute – neben dem Spandauer Süd- und dem Weddinger Westhafen – einer von nur noch drei aktiv bewirtschafteten Berliner Häfen, werden dort jährlich immerhin rund 100.000 Tonnen Schrott und Kies umgeschlagen. Damit trägt der Neuköllner Hafen sein Scherflein zu den regelmäßigen Jahresüberschüssen der BEHALA bei. Inzwischen gehört das Hafenquartier zu den ungezählten Berliner Stadtumbau-Projekten. Ziel ist es, die bislang eher wenig ansehnliche Gegend zu einem urbanen Gebiet mit besonderer Aufenthaltsqualität zu machen, also quasi eine von oben verordnete ➜ Gentrifizierung. Dass so etwas in Hafenvierteln wunderbar funktionieren kann, habe ich auf einer meiner letzten Tourneen am Beispiel des Osthafens in Frankfurt am Main gesehen, wo inzwischen ein riesiges Kreativ- und Ausgehviertel entstanden ist.

Hartz IV

Und wieder mal ist es Zeit für ein wenig Statistik. Das heißt, Leser, die mit Zahlen nicht viel anfangen können, sollten diesen Artikel lieber gleich überblättern.

Sämtliche mir zu dem Thema vorliegenden und hier erwähnten Statistiken beziehen sich auf das Jahr 2008 – solche Informationen sind ja bei Statistiken immer sehr wichtig ... Und um gleich mit dem Negativen anzufangen: Unbestreitbar hat Neukölln prozentual gesehen die höchste Arbeitslosenquote aller Berliner Bezirke – 18,7 Prozent der »zivilen Erwerbspersonen«, wie alle potenziell Arbeitsfähigen im Bürokratendeutsch so schön eckig heißen, haben in unserem Bezirk keinen Job. Das ist traurig und die Tatsache, dass Berlin-Mitte in absoluten Zahlen mehr Arbeitslose als Neukölln aufweist (28.511 gegen 25.900), macht es auch nicht besser.

Der Umkehrschluss, Neukölln müsse demzufolge auch die meisten Hartz IV-Bezieher beherbergen, trifft aber dennoch nicht zu. Ganz im Gegenteil! Schaut man sich die Zahl der »Empfänger von laufender Hilfe zum Lebensunterhalt« – noch so eine ordnungspolitisch korrekte Bezeichnung, diesmal für Hartz-Vierler – nach Bezirken aufgeschlüsselt an, so taucht Neukölln erst an achter Stelle auf. Weit hinter Bezirken wie Lichtenberg, Pankow und Mitte. Zum konkreten Vergleich: Während in Lichtenberg 4.300 Bewohner Hartz IV beziehen, sind es in Neukölln »nur« 1.727. Oder anders gerechnet: Von tausend Einwohnern beziehen in Lichtenberg siebzehn Menschen Hilfe zum Lebensunterhalt, in Neukölln dagegen sechs.

Interessant ist auch, dass der Bezirk Neukölln trotz der erheblich geringeren Zahl Anspruchsberechtigter für seine Hartz IV-Empfänger innerhalb eines Jahres fast doppelt so viel ausgibt wie Lichtenberg (7.646.209 € zu 3.909.063 €). Dies lässt sich nur dadurch erklären, dass in Neukölln erheblich kinderreichere Familien »Hilfe zum Lebensunterhalt« beziehen als in Lichtenberg. Setzt man das Klischee, dass vor allem Ausländer viele Kinder haben, als wahr voraus, dann könnten folgende Zahlen diese These stützen: In Neukölln sind 258 Ausländer bezugsberechtigt, in Lichtenberg dagegen nur 61.

Ich bin der Letzte, der diese Zahlen in irgendeiner Hinsicht zugunsten Neuköllns auslegen und damit die zweifellos vorhandenen sozialen Probleme kleinreden möchte. Aber das Vorurteil, dass in Neukölln quasi nur Hartz IV-Empfänger leben, stimmt nun wirklich nicht!

Hasenheide

Illegales Treiben in der Hasenheide
gibt es erst seit wenigen Jahrzehnten

Viele Straßennamen, die einem im Laufe eines Lebens so begegnen, vergisst man gleich wieder, weil sie an heute längst nicht mehr bekannte Politiker, Militärs oder Künstler erinnern. Besser funktioniert das Namensgedächtnis dagegen bei fast schon lyrischen Bezeichnungen wie »Hasenheide«. Hier kann man sich gleich lebhaft vorstellen, dass in der Nähe des Boulevards einst Heidegebiet und ein lichtes Wäldchen aus Fichten und Eichen die Landschaft zierten.

Das Areal der Hasenheide nutzten generationenlang Bauern der Gemeinden Tempelhof und → Rixdorf ungestört als Weidegrund für ihr Vieh. Bis dann eines schönen Tages im Jahre 1678 der Große Kurfürst Friedrich Wilhelm plötzlich Lust bekam, Hasen zu jagen. Also ließ er seinen Oberjägermeister von Lüderitz rund hundert Hektar Hofjagdgebiet einzäunen und mit Langohren bevölkern. Allzu anstrengend konnte und sollte die Jagd nach dieser Befriedungsaktion wohl nicht mehr sein. Und damit die königliche Gesellschaft bei ihrer Verlustierung nicht die kostbaren Schühchen abnutzen musste, sondern standesgemäß mit der Kutsche anreisen konnte, wurde am Fuße des Hügels ein breiter Weg angelegt. Diesem gab man dann der Einfachheit halber denselben Namen wie dem eingezäunten Jagdgebiet: »Hasenheide«.

Kaum war die Idee des Hasenzwingers umgesetzt, entbrannte zwischen den Bauern und den Aristokraten auch schon heftiger Streit. Denn verständlicherweise wollten sich die Landleute von den lauffaulen Adligen nicht so einfach ihre gewohnheitsrechtlich begründeten Ansprüche auf die Weidegründe entreißen lassen. 1808, also erst 130

Jahre nach der Einzäunung, erklärte der preußische Staat das Gebiet per Dekret offiziell zu Staatsgrund und entzog es damit dem direkten Zugriff der Blaublütigen. Das hielt die Erben der Bauern jedoch keineswegs davon ab, weiter gegen die Nachfahren derjenigen zu klagen, die ihnen einst das Land vor der Haustür geraubt hatten. Erst 1851 wurde dieser bald zweihundertjährige Streit mit einigen Ausgleichszahlungen endgültig beigelegt, und heute gehört das Areal unbestritten der Stadt Berlin.

Nachdem nun Hasen statt Rinder das Gebiet bevölkerten, rückten allmählich auch die Städter bei ihrer unermüdlichen Suche nach Erholung, Amüsement und Abwechslung immer weiter in das Naturgebiet vor. Der Park wurde neben dem Wannsee und dem Müggelsee zum beliebtesten Spreestädter Ausflugsort, nicht zuletzt weil sich hier immer mehr Gasthäuser ansiedelten. Das lag aber nicht nur an der Sehnsucht der Stadtmenschen nach Natur und guter Luft, sondern hatte ebenso handfeste wirtschaftliche Gründe. Dazu muss man wissen, dass Berlin seit 1668 außer den allerorts üblichen Haus- und Grundabgaben auch Steuern auf den Verbrauch von Waren erhob, die sogenannte »Akzise«. Der gierige Arm der Finanzverwaltung reichte aber nur bis an die Stadtmauern, das heißt jenseits der Akzisegrenze zechte man steuerfrei. Ein für durstige Kehlen gar nicht hoch genug zu bewertender Vorteil! Die meisten der wegen der zunehmenden Nachfrage in Rixdorf neu eröffnenden Lokale lagen auf der Nordseite des ehemaligen Kutschenweges, so zum Beispiel an der Hasenheide Ecke Graefestraße das berühmte »Orpheum« mit noblen Terrassen und großem Festsaal. 1865 eröffnete das wohl berühmteste Lokal der Hasenheide seine Pforten: die »→ Neue Welt«, in der am 1. Mai 1890 die Arbeiterbewegung erstmals ihren zum Gedenken an die Opfer des Haymarket Riot weltweit beschlossenen »Mai-Protest- und Gedenktag« feierte, den Vorläufer unseres heutigen Mai-Feiertages.

Aber auch auf der Südseite des Parks war schwer was los. Dort lockten Pferderennbahnen am Wochenende Tausende von Schaulustigen und Zockern an. In der Karlsgartenstraße wiederum warteten Schießbuden und Leinwandzelte, in denen jede Menge Sensationen und Attraktionen präsentiert wurden. Neigte sich der Tag dem Ende zu, erschien eine Streife der damals noch berittenen Schutzpolizei, um die Heide »nach Strauchrittern und anderem Gesindel« abzusuchen, das den Wald allnächtlich unsicher machte und eine der Ursachen für Rixdorfs stetig schlechter werdenden Ruf war.

Teile der Hasenheide und das Tempelhofer Feld wurden aber auch vom preußischen Heer genutzt. Nicht nur als Exerzierfeld, sondern zudem für Schießübungen. So war das erste in der Heide errichtete Bauwerk der Carlsgarten – eine Schießstandanlage von 1810, an die heute noch die nahegelegene Karlsgartenstraße erinnert. Ausgerechnet das Kriegsministerium war es, das den berühmten preußischen Gartenarchitekten Peter Joseph Lenné 1839 beauftragte, in dem Aufmarschgebiet seiner Soldaten einen Landschaftspark zu gestalten, dessen Struktur heute noch den Volkspark Hasenheide prägt.

Mit Ausnahme vielleicht der → **Rütli-Schule** gibt es in → **Neukölln** wohl nichts, was so sehr wie der Volkspark als Symbol für alles gilt, was im Kiez schief läuft. Das liegt natürlich nicht zuletzt an den Drogendealern, die im Volkspark bereits seit Jahrzehnten ihre Geschäfte abwickeln. (→ **Drogen**) Aus meinem Polizeidienst weiß ich, wie perfekt dieses Business dort inzwischen organisiert ist. Die Verkäufer stehen seit eh und je an den geteerten Hauptwegen der Ost-West-Achse, weil man von hier bei Razzien mit wenigen Schritten die Hauptausgänge zur Flucht erreichen kann. Und die hinter den Wegen liegenden immergrünen Büsche bieten auch im Winter Sichtschutz für die Ware. Betriebswirtschaftlich perfekt geregelt sind Kundenservice und Arbeitsteilung: Es gibt Händler, Laufjungen, Schatzmeister und Beobachtungsposten. Und die Mitarbeiter der Firma »Tuschel und Lauf« sind flexibel. Seitdem meine ehemaligen Kollegen verstärkt mit Drogenhunden patrouillieren, wird die Ware in höher gelegene Äste gehängt, wo die Hunde sie nicht so leicht wittern können.

Man kann sich die Zeit im Park aber auch ohne Drogen vertreiben. Sobald der erste Schnee (ich rede hier von Naturschnee!) fällt, ziehen die Berliner mit ihren Schlitten auf die siebzig Meter hohe Rixdorfer Höhe, einem überwucherten Trümmerhaufen aus dem Zweiten Weltkrieg. (→ Dörferblick) Wenn es dann wieder Frühling wird, sitzen mit den ersten Sonnenstrahlen die Trommler mit ihren Bongos und Congas inmitten der Wiesen. Im Mai tummeln sich Jung und Alt seit jeher bei den → Maientagen, während im Sommer alle zum schon 1954 eröffneten Naturtheater ins Freilichtkino pilgern. So scheint alles im Park seinen immerwährenden, unveränderten Gang zu gehen. Offenbar lieben die Menschen dieses Gleichmaß, denn eine Studie der TU Berlin eröffnet uns, dass der durchschnittliche Besucher der Hasenheide den gelegentlich auch als »größtes Hundeklo Deutschlands« verunglimpften Park seit mindestens elf Jahren regelmäßig besucht.

Noch bevor einst die Strauchdiebe und später die Drogendealer in der Hasenheide ihr gesetzwidriges Unwesen trieben, gab es in der Grünanlage aber schon andere illegale Aktivitäten. Der erste Übeltäter war ausgerechnet der altehrwürdige Turnvater Jahn, dem heute ein Denkmal und eine Eiche im Park und eine – wenn auch ziemlich popelige – Straße gegenüber dem Haupteingang gewidmet ist. Jahn, dessen Vorname natürlich keineswegs Turnvater, sondern Friedrich Ludwig war, wurde 1780 geboren, hatte als junger Mann ein Buch über »Deutsches Volkstum« geschrieben und war als Hilfslehrer an zwei Berliner Gymnasien tätig. 1811 eröffnete er in der Nähe des Südsterns, in etwa dort, wo heute die Basilika steht, den ersten öffentlichen Turnplatz. Jahn war ein, wie man heute sagen würde, Kontrollfreak. Er leitete nicht nur das Training, sondern entwickelte auch gleich die notwendigen Geräte, wie zum Beispiel den Barren oder das Reck. Die von ihm angeleiteten Übungen hatten oft paramilitärischen Charakter. Nachtwanderungen gehörten ebenso dazu wie Geländespiele, Schwimmen, Fechten, Ringen und der Sturmlauf an den damals noch steilen Hängen der Rollberge. Unausgesprochenes Ziel war es, junge Männer

... eine kleine Shoppingtour in der Hasenheide tut's auch.

körperlich für den Kampf gegen Preußens französische Besatzer zu stählen. Da dem tugendhaft-strengen Turnvater die Ablenkung durch die nahegelegenen Tabagien (womit einfach Tabakläden mit dazugehörigem Alkoholausschank gemeint waren) und Wirtshäuser missfiel, zog er mit seiner Jüngerschar einige Zeit später weiter in das Eichenwäldchen hinein und turnte fortan da, wo noch heute die nach ihm benannte Eiche steht.

Die Ordnungsmacht beäugte Jahns Treiben zwar misstrauisch, aber weil die Ziele des Turngurus der preußischen Politik entgegenkamen, duldete sie die Turnerei stillschweigend. Das änderte sich umgehend, als die Befreiungskriege siegreich beendet und die französischen Besatzer unter Napoleon glücklich vertrieben waren. Nun kam nämlich bei den preußischen Machthabern die Furcht auf, Jahn könnte seinen Einfluss auf die ihm treu ergebene Sportlerschar dazu nutzen, staatsfeindliche Unruhen gegen das preußische Regime anzuzetteln. Eine völlig unberechtigte Unterstellung, weil der Turnpapst ein ausgesprochen kaisertreuer Monarchist war. Zu Jahns Pech passten jedoch seine Ideen von deutscher Einheit mit einer wehrtüchtigen, den Idealen der Aufklärung verpflichteten Jugend nicht in das neue politische Konzept. Man witterte unerwünschte Demagogie. Um diese abzustellen, wurde das Turnen in der Hasenheide 1820 offiziell untersagt und der unglückliche Vorturner sechs Jahre in Festungshaft verbannt. Die Untersuchung gegen Jahn als »Demagogen« führte kein geringerer als E.T.A. Hoffmann, der als »Gespenster-Hoffmann« in die Literaturgeschichte einging, damals aber einer der höchsten Justizbeamten Preußens war. Der schmächtige, um nicht zu sagen spillerige, Hoffmann war schon staturbedingt kein Freund des Turnens, er hielt das für »Knabenunfug«. Aber trotzdem verlangte er am Ende der akribischen Untersuchung in einem hundertseitigen Plädoyer die Freilassung Jahns, da in der Turnerei kein Hochverrat zu erkennen sei. Vergeblich. Der preußische Polizeiminister von Kamps setzte sich gegen Hoffmann durch und der Turnvater verschwand hinter Festungsmauern. Seine Auseinandersetzung mit von Kamps hat Hoffmann in dem Buch »Meister Floh« – dort heißt von Kamps »Knarrpanti« – literarisch verarbeitet. Erst 1842 wurde Friedrich Jahn vom preußischen Staat rehabilitiert und für seine Verdienste um das Vaterland nachträglich sogar mit dem Eisernen Kreuz ausgezeichnet. Zwei Jahre später wurde auch die Turnsperre aufgehoben und die Leibesertüchtigung in der Hasenheide auf einem neuen Pioniersportplatz wieder erlaubt.

Hufeisensiedlung

Mit steigender Migrantenzahl wurde
Sozialer Wohnungsbau notwendig

Auch wenn mancher das eventuell glaubt: Sozialer Wohnungsbau ist keine Erfindung der von Ludwig Erhard in den 1950er Jahren begründeten Sozialen Marktwirtschaft. Und sie hat auch nichts mit dem wenige Jahre später durch das deutsche Wirtschaftswunder einsetzenden Gastarbeiterboom zu tun. Tatsächlich sah sich schon die Weimarer Republik – und zwar notgedrungen – gezwungen, der nach dem Ersten Weltkrieg herrschenden Wohnungsnot zu begegnen. Gerade für die unteren Einkommensschichten fehlte es dramatisch an bezahlbarem und menschenwürdigem Wohnraum. (→ Architektur → Aufstieg → Gropiusstadt)

Die erste in Berlin fertiggestellte Großsiedlung war die Hufeisensiedlung. Dieses Wohnensemble heißt so merkwürdig, weil es auf dem Gelände eines ehemaligen Rittergutes errichtet wurde. Zu dem Gut gehörte auch ein Hufeisenteich, der in die Gestaltung des Neubaus einbezogen wurde und nun umschließt also das in Hufeisenform erstellte Hauptgebäude in seiner Mitte eben diesen Hufeisenteich.

Die meiste Zeit meines Lebens habe ich mich nicht sonderlich für die Hufeisensiedlung interessiert, bis ich eines Morgens die Zeitung aufschlug und gleich als Erstes über die Nachricht stolperte, dass die Hufeisensiedlung als eine von insgesamt sechs Siedlungen der Berliner Moderne in die begehrte Liste des UNESCO-Weltkulturerbes aufgenommen werden soll. Ich war schier sprachlos. Was bei mir, wie Ihnen meine Frau und Freunde auf Anfrage jederzeit gerne bestätigen, recht selten vorkommt.

Tadj Mahal, Indien   Kreml und Roter Platz, Russland   Pyramiden von Gizeh, Ägypten

Die Hufeisensiedlung. Im UNESCO-Weltkulturerbe?! Wer hätte gedacht, dass es eine Neuköllner Siedlung mal so weit bringt wie die Pyramiden von Gizeh! Diese für mich höchst verstörende Nachricht weckte meine angeborene und stets bestenfalls nervös schlummernde Neugier. Ich recherchierte und schon wenige Tage später befand ich mich auf einer Architekturführung durch die zwischen 1925 und 1933 nach Plänen von Bruno Taut und Martin Wagner entstandene Siedlung. By the way, das waren zwei herausragende Vertreter des in Deutschland zu dieser Zeit im Städtebau stark angesagten »Neuen Bauens«, das von den Ideen der Bauhaus-Bewegung beeinflusst und eng mit dem Stil der »Neuen Sachlichkeit« verknüpft war.

Die Führung machte mir Einiges klar. Insbesondere, was für eine Herausforderung und Leistung es gewesen ist, der in Deutschland nach dem Ersten Weltkrieg herrschenden katastrophalen Wohnungsnot mit solch kühnen Konzepten wie der Hufeisensiedlung entgegenzutreten. Gerade Berlin als Hauptstadt der Republik erlebte in dieser Zeit durch die Gebietsverluste und die überall grassierende Arbeitslosigkeit einen ungeheuren Flüchtlingsandrang, der zu massivem Wohnraumbedarf führte. Es wurden also soziale Großsiedlungen aus dem Boden gestampft, deren Baukosten so gering wie möglich gehalten werden mussten. So betrachtet ist die architektonische Leistung bei der Hufeisensiedlung tatsächlich bewundernswert. Um die Kosten in Schach zu halten, wurden die über tausend Wohnungen nach nur vier Grundrisstypen standardisiert. 472 Wohnungen liegen in aneinandergereihten Einfamilienhäusern, 600 in dreigeschossigen Miethäusern. Eigene Gärten und Grünflächen waren wesentliche Bestandteile der Theorie des »Neuen Bauens«.

Wegen ihres Dreißiger-Jahre-Charmes, ihrer beschaulichen Straßen und des familiären Charakters war die Siedlung bei ihren Bewohnern von Beginn an sehr beliebt. Auch heute noch sind siebzig Prozent der Eigenheime in privater Hand und unter den Mietern sind überdurchschnittlich viele Architekten, Kunsthistoriker und Gestalter. Bei dieser Klientel verwundert es nicht, dass es inzwischen sogar einen »Verein der Freunde und Förderer der Hufeisensiedlung« gibt, der leidenschaftlich dafür kämpft, das Areal und die Häuser so unverändert wie möglich zu erhalten.

Hundehaufen

In Neukölln wird nichts gegen die allgegenwärtigen Hundehaufen getan

Bei diesem Stichwort begeben wir uns im wahrsten Sinne des Wortes auf vermintes Gebiet. Denn was Hunde und die Menge ihrer Futterreste angeht, gilt in Berlin genau wie in allen anderen Metropolen dieser Welt: Nix Genaues weiß man nicht.

Das liegt vor allem daran, dass viele Hunde nicht offiziell gemeldet sind und die Dunkelziffer demzufolge enorm hoch ist. Unbestritten bleibt, dass Berlin zu den hundefreundlichsten Städten dieser Welt gehört. Jeder, der schon einmal in einen der überall in der Hauptstadt verteilten Kothaufen getreten ist, weiß, was ich meine – und ich wage zu behaupten, dass es keinen Berliner Einwohner gibt, der dieses zweifelhafte Vergnügen nicht schon einmal genossen hat. Aber halten wir uns an die wenigen halbwegs gesicherten Zahlen: Berlin hat ungefähr 110.000 offiziell gemeldete Hunde – die tatsächliche Zahl wird auf mindestens das Doppelte geschätzt. Deren Hinterlassenschaften summieren sich im Jahr auf rund 55 Tonnen Hundekot, die sich zusammensetzen aus 146 Millionen über das Stadtgebiet verteilten Tretminen.

Die meisten angemeldeten besten Freunde des Menschen leben laut Statistik in Reinickendorf, dicht gefolgt von Steglitz-Zehlendorf und Neukölln. Ich unterstelle jetzt mal, dass zumindest der durchschnittliche Zehlendorfer etwas gesetzestreuer als der gemeine Neuköllner ist. (→ Kriminalität) Also wird es wohl in Neukölln erheblich mehr illegale Vierbeiner als in Steglitz-Zehlendorf geben und eventuell auch mehr als in Reinickendorf. Darum ist es sehr gut möglich, dass in Neukölln doch die meisten Hundehaufen der Hauptstadt produziert werden. Auf den ersten Blick erstaunlich ist dennoch, dass die Zahl der Ordnungswidrigkeiten, die gegen Hundehalter wegen Nicht-Einsammelns der Hinterlassenschaften ihrer Lieblinge verhängt wurden, in Neukölln ziemlich niedrig ist. Zum Vergleich: 2007 gab es in Spandau diesbezüglich 138 Bußgelder, in Neukölln dagegen nur 27. Gut, ich gebe zu, das ist noch lange kein Beweis für das Neuköllner Wohlverhalten. Vielleicht sind wir einfach nur etwas cleverer darin, uns bei Ordnungswidrigkeiten nicht erwischen zu lassen. Oder die Ordnungshüter unseres Bezirks haben Dramatischeres zu tun als illegale Hundehaufen aufzuspüren.

Um Genaueres zu dem Thema herauszubekommen, habe ich bei der Berliner Stadtreinigung nachgefragt, ob es eine Statistik zum jährlichen Hundekotaufkommen in den einzelnen Berliner Bezirken gibt. Ich bekam eine Antwort, die ich Ihnen nicht vorenthalten möchte:

»... die Menge Hundekot stellt nur eine rechnerische Größe dar, die sich aus der Anzahl der täglichen Ausscheidungen ergibt. Dabei ist zu berücksichtigen, dass es neben den registrierten Vierbeinern noch eine erhebliche Dunkelziffer gibt. ... Eine detaillierte Erfassung der einzelnen Haufen je Stadtbezirk kann es auch aus reinigungstechnischen Gründen nicht geben, da kein Mitarbeiter der Reinigung bei maschineller oder auch bei manueller Reinigungserbringung die beseitigten ›Tretminen‹ zählen kann.«

Auch wenn die Frage, welcher Bezirk bei diesem Wettbewerb vorne liegt, also anscheinend nicht eindeutig geklärt werden kann: Falsch ist auf jeden Fall, dass wir Neuköllner nichts dagegen tun. Denn schon seit

1999 veranstaltet unsere Peter-Petersen-Grundschule alle zwei Jahre eine Sauberkeitsaktion gegen Hundekot auf Straßen, welche zwischenzeitlich zu einer durch finanzielle Mittel des Programms »Soziale Stadt« geförderten Aktion unter dem Namen »Sauberer Kiez – mach mit!« geworden ist. Damit hat sich Neukölln auch auf dem Sektor Hundenachlassbekämpfung an die Spitze des →**Fortschritts** gesetzt. Aber wahrscheinlich ist so eine Aktion alle zwei Jahre doch zu wenig, um die Stadt von Sch... zu befrei'n ...

Hymne

Es gibt keine Neuköllner Hymne

Stimmt. Jedenfalls keine offizielle Neukölln-Hymne. Aber es gibt einen Schlager, der zu seiner Zeit mindestens genauso bekannt und erfolgreich war wie ungefähr hundert Jahre später die langen »Kreuzberger Nächte«. Dieser, wie man damals sagte, Gassenhauer hieß »Ir Rixdorf ist Musike« und es ist keineswegs vermessen, ihn als inoffizielle Neuköllner Hymne zu bezeichnen.

Noch heute kennt fast jeder Neuköllner zumindest den Titel des Liedes und viele auch noch Fetzen des – zugegeben – recht einfachen Textes:

Auf den Sonntag freu' ich mir.
Ja dann geht es 'raus zu ihr
feste mit vergnügtem Sinn
Pferdebus nach Rixdorf hin.
Dort erwartet Rieke mir
ohne Rieke kein Plaisir.
Rieke Riekchen Riekake
die ist mir nicht pi-pa-pe.
Geh' mit ihr zum Tanzlokal
Liebes Riekchen woll'n wir 'mal?
Kost'n Groschen nur
für die ganze Tour.
Rieke lacht und sagt: »Na ja
dazu bin ich auch noch da!«

Und nu geht es mit avec
immer feste weg.
Rieke feste angefasst!
Rechts herum links herum
immer mang das Publikum
kreuz und quer hin und her
das gefällt mir sehr ja sehr.
Balancez ach herrje
Rieke tanzt wie eine Fee.
Tritt sie mir tret' ich ihr
das gehört nur zum Plaisir.

Dieses Couplet, das mit einer von dem Komponisten Eugen Philippi geschriebenen humoristischen Polka unterlegt wurde, stammt von dem damals sehr populären Parodisten Littke-Carlsen und wurde von ihm erstmals um 1890 in der »➜ Neuen Welt« vorgetragen. Der Erfolg war durchschlagend und bald gab es ähnliche Lieder zu fast jedem Berliner Stadtteil. Die Jahre überdauert hat allerdings nur der – nach zeitgenössischen Anleitungen »mit gewölbter Brust« zu schmetternde – Rixdorfer Lobgesang. Ein Grund für den sensationellen Triumph des Liedes war sicherlich, dass es das in der damaligen Berliner Vorstadt herrschende Lebensgefühl einfing. »In Rixdorf ist Musike« besagte nicht mehr und nicht weniger, als dass in den Vergnügungsetablissements rund um den Richardplatz Tanz und Saufereien an der Tagesordnung waren – weshalb auch die Berliner hierher kamen, um sich zu amüsieren. Von der ➜ Hasenheide über den Bärwinkel bis zum Richardplatz schossen um 1900 Theater, Varietes und Tanzpaläste, aber auch viele zwielichtige Spelunken nur so aus dem Boden.

Aber die Rixdorfer hörten nicht nur gerne Musike, sie machten auch selbst gern welche. In kaum einem anderen Bezirk gab es so viele Chöre, Mandolinenorchester oder Blaskapellen wie hier. Und angesichts der Bevölkerungsstruktur war ➜ Musik hier selbstverständlich keine Domäne des Bildungsbürgertums, sondern vor allem Arbeiter-kultur. Der bedeutendste Neuköllner Arbeiterchor war die »Gesangs-gemeinschaft → Neukölln«, hervorgegangen aus dem Gesangs-Verein → Rixdorf 1890. Fritz Hoffmann, damaliger Direktor der → Rütli-Schule, leitete den Rütli-Singekreis, der einen Bogen schlug zwischen Jugend-musikbewegung und Arbeiterbewegung und für die Arbeiterkinder und -jugendlichen ein gänzlich neues Repertoire erschloss. Aus seiner Ar-beit ging 1926 die »Volksmusikschule Neukölln« hervor. In den ersten Jahren des Nazi-Terrors dienten Konzerte der Arbeiterchöre mit poli-tisch unverdächtigem Programm gerne als Tarnung für konspirative politische Treffen. Ein Konzert von Fichte-Sängern gemeinsam mit dem Chor »Typografia« soll zum Beispiel ein großes SPD-Treffen in der »Neuen Welt« kaschiert haben. Die Teilnehmerin einer anderen Tarnveranstaltung erinnert sich: »Als bei einer ausschließlich von So-zialdemokraten besuchten Veranstaltung in der ›Neuen Welt‹ einmal durch Zufall Nazis erschienen und für das Winterhilfswerk sammel-ten, entstand eine schwierige Situation. Niemand der Anwesenden tat etwas in die Sammelbüchsen. Als die misstrauisch gewordenen Nazis mit Verstärkung wieder erschienen, war die Veranstaltung be-reits beendet. So hatte das zum Glück keine weiteren Konsequenzen.« Selbstverständlich war die Arbeitermusikbewegung für die Faschisten ein stetiges Ärgernis, aber trotz brutaler Repressionen gelang es ihnen nicht, sie mundtot zu machen.

Übrigens, wer die inoffizielle Neuköllner Hymne tatsächlich nicht kennen sollte: Auf YouTube findet man eine von dem bekannten Berli-ner Schauspieler und Volkssänger Willi Rose vorgetragene Fassung.

Jugendkriminalität

Prügeln und Abzocken unter Jugendlichen
ist ein Phänomen der letzten Jahre

Horst Bosetzky, seines Zeichens Soziologieprofessor und unter dem Pseudonym -ky erfolgreicher Autor von Jugendbüchern, historischen Romanen und Krimis, war in den 1950er Jahren Schüler der → Rütli-Schule. (→ Berühmtheiten) In einem für die »Berliner Zeitung« verfassten Artikel erinnert er sich, dass Schlägereien und Diebstähle auch zu seiner Zeit bei den Jugendlichen an der Schule und im Viertel an der Tagesordnung waren. Viele der damaligen Schüler waren Schlüsselkinder – der Vater war im Krieg gefallen oder saß in Gefangenschaft, die Mutter musste für den Familienunterhalt sorgen. Und so erfolgte die »Erziehung« häufig auf der Straße durch Gleichaltrige. Junge Warlords, die ihre Ausbildung noch in der Hitler-Jugend genossen hatten, regierten selbstherrlich und kompromisslos ganze Viertel. Straßenschlachten wurden, weil es noch keine Handys gab, mündlich oder per Zettelpost verabredet. Bei den Kämpfen kamen Fäuste, Gürtel, Knüppel, Katapulte oder, wenn es richtig zur Sache gehen sollte, auch mal gusseiserne Schlagringe zum Einsatz.

Und obwohl der Begriff »abziehen« noch nicht gebräuchlich war, zahlten Schwächere auch damals dafür, dass man sie in Ruhe ließ: Nicht wie heute mit Handys oder Chucks, sondern mit Fußbällen, Spielzeugautos oder geklauten Buntmetallen, wie zum Beispiel abgebauten Eisenbahnschienen oder Regenrinnen, deren Kupfergehalt gut zu Geld gemacht werden konnte. Das Fazit von Horst Bosetzky lautet: »Liest man heute von der Rütli-Schule, kommt mir vieles bekannt vor, bis auf die Tatsache, dass wir Deutsche waren.« (→ Ausländer I)

Ein unschöner Unfug

wird gegenwärtig von der Jugend in Neu-kölln täglich in großem Umfange verübt. Es werden nämlich überall, wo sich nur Gelegenheit bietet, die Mauern der Häuser, die Zäune, die Türen und Pforten, Laden-schilder usw. mit Kreide beschrieben und beschmiert, so daß die Straßen an vielen Stellen dadurch einen recht häßlichen Eindruck machen.

Überall sieht man besonders Jungen mit Kreidestücken in der Hand umherlaufen, um dieser eigenartigen »Malerei«, die gegenwärtig einen besonderen Reiz auf die Jugend auszuüben scheint, nachzuge-hen. Wie diese neue Passion auf einmal entstanden ist, ist schwer zu sagen. Aber ein Kind scheint es dem andern nachzu-machen. Oft artet diese Sucht, alles mit Kreideinschriften zu versehen, sogar, wie man wahrnehmen kann, in Unflätigkeiten aus.

Es wäre an der Zeit, daß Eltern und Er-zieher die Kinder von diesem unästheti-schen Unfug zurückhalten.

Aus der Neuköllnischen Zeitung
vom 26. April 1916

Hinzugefügt werden muss an dieser Stelle aber, dass nach einer vom Soziologischen Institut der Universität Münster in Zusammenarbeit mit dem Kriminologischen Institut Bielefeld durchgeführten Lang-zeitstudie zur Jugendkriminalität deutsche Jugendliche auch heute noch genauso häufig gewalttätig sind wie ausländische. Die Mär vom stets gewaltbereiten Ausländer ist also ein zwar gern genutztes, aber nichtsdestotrotz falsches Klischee!

Kalter Krieg → Britzer Tunnel → Fußball

Karl-Marx-Straße

Dass ich als in → Neukölln aufgewachsener Steppke – also vor 1990, wie sich von selbst versteht – niemals Ost-, sondern immer West-Berliner war, weiß ich schon deswegen, weil wir in meiner Jugend oft an Ulbrichts Mauer entlangradelten und dabei am Landwehr-Kanal voll ängstlicher Neugier die Patrouillenboote der DDR-Grenzer beobachteten, die ihrerseits uns dabei beobachteten, wie wir sie beobachteten. Eine groteske Erfahrung, die ich erst Jahre später bei Observationen wiedererlebte – bei schlechten Observationen, wohlgemerkt.

Aber ich kann schon verstehen, dass Nicht-Einheimische die im ehemaligen Westen gelegene Karl-Marx-Straße mit der im ehemaligen Ost-Berlin gelegenen Karl-Marx-Allee verwechseln und deshalb Neukölln gern mal in den Osten verschieben. Vermutlich ist Berlin die einzige Stadt der Welt, die dem aus Trier stammenden Sozialphilosophen gleich zwei Straßen gewidmet hat. Und wir reden hier ja nicht von popeligen Vorort-Sackgassen, sondern von zwei der bedeutendsten Verkehrsachsen unserer einst so rüde geteilten Hauptstadt.

Wer übrigens glaubt, dass die Sozialisten ihre Karl-Marx-Allee früher hatten als wir Kapitalisten unsere Karl-Marx-Straße, der ist schief gewickelt. Die Neuköllner fackelten nach dem verlorenen Krieg nicht lange. Bereits am 31. Juli 1947 wurden die Berliner Straße (das war die nördliche Verlängerung der jetzigen Richardstraße) und die Bergstraße umbenannt und dem Autor des Bestsellers »Das Kapital« gewidmet.

Die »sowjetisch besetzte Zone«, wie man damals im Westen politisch korrekt zu sagen hatte, zog dagegen erst nach dem Mauerbau

nach. In den Jahren davor weihte man den im sowjetischen Zucker-
bäckerstil errichteten und mit einigen klassizistischen Anleihen ver-
zierten Renommierboulevard lieber dem sowjetischen Diktator Josef
Stalin. Unangenehm für die SED, dass Nikita Chruschtschow den Mann
schon wenige Jahre später als politischen Verbrecher outete und in
der UdSSR eine umfassende Entstalinisierungs-Kampagne einlei-
tete. Da passte der Name der pompösen Allee natürlich nicht mehr
zu der veränderten innenpolitischen Lage des übermächtigen großen
Bruders. Also beschlossen die deutschen Sowjettrabanten, in Zukunft
lieber auf einheimische Größen zurückzugreifen und benannten ihre
Prachtstraße am 13. November 1961 um in Karl-Marx-Allee. Da konnte man zumindest selbst bestimmen, ob man den Geehrten später in
Ungnade fallen lassen wollte oder nicht. Trotzdem behielt Neukölln
bei dem stadtinternen Wettbewerb »Wer hat die meisten Karl-Marx-
Erinnerungsstätten?« auch nach diesem geschickten Ost-Konter noch
lange die Nase vorn. Schließlich hatte man 1947 clevererweise auch
gleich noch den U-Bahnhof Bergstraße dem Freund von Engels zu-
geschustert und den ehemaligen Hohenzollernplatz umbenannt, in ...
richtig: Karl-Marx-Platz. Erst 1986 konnte die DDR mit dem Marx-En-
gels-Forum und dem dort errichteten Denkmal auf 3:3 ausgleichen.

Apropos Hohenzollernplatz. Wilhelm I., der – wie es in einem schönen Bonmot heißt – unter seinem Reichskanzler Bismarck amtierende
Kaiser der ersten deutschen Einigung, würde in seinem Grab sicher
wie ein Pressluftbohrer rotieren, wenn er wüsste, dass ausgerechnet
der zunächst ihm gewidmete Platz an den sozialistischen Volksverrä-
ter Karl Marx übergeben wurde. Hatte ihm nicht gerade hier die kö-
nigstreue Rixdorfer Bevölkerung 1902 noch ein Denkmal hingestellt?
Wobei man allerdings wissen sollte, dass in jenen Monaten Wilhelm-I-
Denkmäler wie Pilze aus dem Boden schossen. Der Kaiser hatte sich
zu Lebzeiten Denkmäler seiner selbst nämlich ausdrücklich verbeten,
weswegen nach seinem Tod ein wahnwitziger Rausch durch das Deutsche Reich fegte: Jeder noch so kleine Ort wollte seinen eigenen Wil-

helm. Und die Rixdorfer waren ja nicht irgendwer, ihr Denkmal sollte was hermachen. Darum sammelte nicht nur ein eigens gegründetes Komitee fleißig Geld für ein repräsentatives Monument, sondern man gestaltete auch gleich noch den avisierten Standort etwas mit der Abrissbirne um. Geld kam reichlich zusammen und nachdem der in Bronze gegossene Hohenzollern-Kaiser dann auf seinem Postament stand, konnten ihn die Neuköllner schon wenige Jahre später nach dem schmählich verlorenen Ersten Weltkrieg nicht mehr leiden und hätten ihn während der Novemberrevolution 1918 am liebsten einge-schmolzen. Dazu kam es aber wegen des allgemein herrschenden Chaos nicht und obwohl die linke Neuköllner Bezirksregierung wäh-rend der Weimarer Republik zahlreiche Anträge stellte, das ungeliebte Erinnerungsstück entsorgen zu dürfen, wurden diese von den über-geordneten Stellen genauso oft abgeschmettert. Also führte man den Neuköllner Kampf gegen die Hohenzollern auf subtilere Weise weiter: Die Stadtverordneten beschlossen, die Reiterstatue ein wenig zu be-grünen und sie von Efeu umwachsen zu lassen.

Die Entsorgung des Denkmals blieb dann 1944 ironischerweise den Nazis vorbehalten. Einige völlig Verblendete, die immer noch den Endsieg für möglich hielten, verlangten nach teurem Eisen. Und weil die Rixdorfer bei der Errichtung des Denkmals so spendabel gewesen waren, war der Kaiser aus guter Glockenbronze gegossen worden. Da den Nazis das Hemd näher als der Rock war und sie im Grunde ihres Wesens weder Skrupel noch Respekt vor den Kräften des Kaiserrei-ches kannten, obwohl sie nicht zuletzt denen ihren Aufstieg verdankten, schmolzen sie den guten Mann einfach ein. Die nach dem Krieg wieder an die Regierung gelangten Sozialdemokraten und Kommunisten wa-ren um den verschwundenen Hohenzollern nicht traurig und beschlos-sen, nicht nur die größte Straße des Bezirks, sondern gleich auch noch den angrenzenden Platz nach ihrem geistigen Urahnen zu nennen. Außerdem sorgten sie dafür, dass die Neuköllner Karl-Marx-Straße von Beginn an zur Lebensader des Bezirks wurde. Sie war nicht nur

DIE Einkaufsstraße, sondern durch Rathaus und Amtsgericht gleichzeitig auch Verwaltungszentrum und zudem wichtiger Kulturstandort. Obwohl sie nach Verkaufsfläche gerechnet auch heute noch die drittgrößte Einkaufsstraße Berlins ist (nur Tauentzien- und Schlossstraße haben mehr zu bieten), ließ ihre kommerzielle Bedeutung mit Eröffnung der → Gropiuspassagen erheblich nach. Heute besteht der ziemlich eintönige Gewerbemix der Karl-Marx-Straße im Wesentlichen aus Handyläden und Schnäppchenmärkten, weswegen sie hie und da auch gern als Einpfennigparadies verspottet wird. Der Niedergang der Neuköllner Lebensachse wurde schon oft prophezeit, aber ich vertraue da auf die bewährten Neuköllner Selbstheilungskräfte. Immerhin feierte 2010 auch die schon mehrfach totgesagte »Passage« ihren hundertsten Geburtstag und ist durch die »Hofperle« und die Neuköllner Oper (→ Musik) als Verbindungsachse zwischen Karl-Marx- und Richardstraße lebendiger als je zuvor.

Eines aber fällt bei den Diskussionen um die Karl-Marx-Straße auf: An ihrem nicht mehr ganz zum politischen Zeitgeist passenden Namen wollte bislang niemand rütteln! Was man von ihrem Namenscousin in Friedrichshain nicht behaupten kann. Hier gibt es seit Kurzem eine Initiative von ehemaligen Verfolgten des DDR-Regimes und der CDU-Fraktion der Bezirksverordneten-Versammlung Friedrichshain-Kreuzberg, die eine Umbenennung der Karl-Marx-Allee in »Straße der friedlichen Revolution« fordert.

Karstadt am Hermannplatz

Die Gropiuspassagen sind das erste moderne Einkaufscenter Neuköllns

Da ich ganz in der Nähe vom Hermannplatz aufgewachsen bin, sind samstägliche Einkaufstouren bei Karstadt eine fest verankerte Kindheitserinnerung – mit dem kleinen Unterschied, dass das Kaufhaus damals beileibe nicht so schnieke und imposant aussah wie heute. Wahrheitsgemäß muss hier kurz erwähnt werden, dass Karstadt – das in den Neuköllner Luftraum hineingebaute erste Geschoss mal beiseite gelassen (➜ **Rollkrug**) – auf Kreuzberger Grund und Boden steht. Aber dennoch, für jeden echten Neuköllner gehören Hermannplatz und Karstadt untrennbar zusammen – also zumindest für mich. Seinen derzeitigen Look bekam das Gebäude erst beim letzten großen Umbau im Jahr 2000. Dennoch ist auch der heutige Status Quo kein Vergleich zu dem phantastischen Anblick, den das Warencenter bei seiner festlichen Eröffnung am 22. Juni 1929 bot. Entworfen von Karstadts Hausarchitekten Philipp Schaefer (1885–1952) übertraf das Haus alles in Berlin bis dahin Gesehene. Mit seiner Muschelkalkfassade, der vertikalen Gliederung, der Höhe von 32 Metern und den beiden 56 Meter hohen Türmen, die jeweils von einer 15 Meter hohen Lichtsäule gekrönt wurden, erinnerte das stolze Gebäude bewusst an die spektakuläre New Yorker Hochhausarchitektur. Besondere Berühmtheit erlangte der kühne Bau durch seine Direktanbindung an den U-Bahnhof Hermannplatz. (➜ **Fortschritt**)

Die Historie des so prächtig geratenen Karstadt am Hermannplatz begann 1925 allerdings unruhig und teils sogar gewalttätig, denn dem Bau des riesigen Konsumtempels fielen eine ganze Menge Wohnhäuser zum Opfer. Wie so oft blieb der Protest trotz seiner Heftigkeit und Vehemenz am Ende erfolglos. Die Mietshäuser wurden dem Erdboden gleich gemacht und trotz eines außergewöhnlich harten Winters und eines zwischenzeitlichen Fassadenbrandes zog man das Einkaufsparadies in nur knapp fünfzehn Monaten hoch. Bei seiner Fertigstellung stand eine Nutzfläche von 72.000 Quadratmetern zur Verfügung – das ist gut doppelt so viel wie heute!

Wegen seiner zahlreichen Attraktionen entwickelte sich das Haus nicht nur zu einem Einkaufs-, sondern für viele Familien auch zu einem beliebten Ausflugsziel. Es gab in der Tat viel zu sehen und auszuprobieren, unter anderem eine Badeanstalt mit Wannen-, Dusch- und Massageräumen, unterschiedliche Frisiersalons für Damen, Herren und Kinder, eine Sporthalle mit Turngeräten, einen Kinderspielplatz mit Karussell und natürlich Gaststätten für unterschiedliche Ansprüche und Geldbeutel. Die Top-Attraktion war aber unbestreitbar der 4.000 Quadratmeter große Dachgarten, der nicht nur einen tollen Fernblick über Kreuzberg und → **Neukölln** bot, sondern in dem man inmitten eines farbenfrohen Blumenmeeres sitzen und Musikdarbietungen lauschen konnte. Auch die anfänglich mehr als 4.000 Mitarbeiter waren recht gut versorgt: Für die Regeneration in der zweistündigen Mittagspause gab es einen Tagesraum mit Bibliothek und Billardtisch, einen Ruheraum sowie auf der Dachterrasse einen reservierten Bereich mit Liegestühlen. Eine zweistündige Mittagspause – das liest sich natürlich erst einmal toll und weckt die Sehnsucht nach den guten alten Zeiten, in denen sowieso alles besser war. Bei 48 Wochenstunden und einer von 7 Uhr 50 bis 19 Uhr 20 dauernden Arbeitszeit dürften sich aufkommende Neidgefühle aber sicher schnell wieder erledigen. Dem Verkaufspersonal wurden außerdem monatliche Soll-Umsätze vorgeschrieben, die verlangten, dass jeder Verkäufer täglich (!) sein Erutto-Monatsgehalt umsetzen musste. Erreichte man das Umsatzsoll nicht, wurde man am Monatsende zur Rechenschaft gezogen. Allzu oft durfte man sich diesen »Fauxpas« sicher nicht erlauben.

Sowieso sorgte die schon bald nach der Eröffnung ihre hässliche Fratze zeigende Weltwirtschaftskrise dafür, dass die Belegschaft innerhalb von nur vier Jahren um gut 75 Prozent auf knapp tausend Mitarbeiter schrumpfte. Dazu kam, dass der Konzern sich 1933 sehr schnell den neuen Machthabern anpasste, die Gelegenheit beim Schopf ergriff und nahezu alle jüdischen Mitarbeiter entließ. Trotz dieses vorauseilenden Gehorsams blieb die Einstellung der Nazis gegenüber dem Warenhaus feindselig. Nicht nur herrschte eine grundsätzliche Abneigung gegen Kaufhäuser vor, da diese häufig von jüdischen Kaufleuten gegründet worden waren, dazu kam auch, dass die NSDAP ihre Klientel im Kleinbürgertum sah, zu dem insbesondere auch Einzelhändler und Kleingewerbetreibende gehörten. (➜ Gemüsehändler) Also versuchte man, die großen Häuser an die Kandare zu nehmen, und verbannte mittels einer Verordnung zum »Schutz des Einzelhandels« ganze Handelsabteilungen wie Fleischereien, Bäckereien oder Schuhmacher aus dem Sortiment von Kaufhäusern, selbst Restaurants fielen dieser Verordnung zum Opfer. Am deutlichsten zeigte sich das Misstrauen der Nazis gegenüber den Konsumtempeln darin, dass dort bis 1936, dem Jahr, in dem in Berlin die Olympischen Spiele stattfanden, kein Nazinippes, also Flaggen und sonstige Merchandising-Artikel, verkauft werden durfte. Mit den erfolgreich zum nationalsozialistischen Propagandafest umgemodelten Olympischen Spielen änderte sich die Haltung der NSDAP in Bezug auf die großen Kaufhallen aber grundlegend. Schon 1938 erhielt Karstadt den zweifelhaften Ehrentitel »Vorstufe zum nationalsozialistischen Musterbetrieb«.

Zurück zur Ausgangsfrage: Gropiuspassagen hin oder her – Karstadt war bei seiner Eröffnung das modernste und größte Kaufhaus Europas. Ungeklärt ist bis heute übrigens, ob der Bau am 25. April 1945 durch Brandstiftung oder Sprengung zerstört wurde. Klar scheint nur, dass das Kaufhaus und vor allem die darin lagernden Lebensmittel nicht in die Hände der anrückenden Roten Armee fallen sollten und deshalb von der Waffen-SS vernichtet wurde.

Kindl-Boulevard

Der Kindl-Boulevard ist die Biermeile Neuköllns

Ich bin nun wirklich überhaupt kein Biertrinker, aber immerhin gibt es in meinem Freundeskreis ein paar Menschen, die dem Gerstensaft zwar nicht ständig, aber zumindest hin und wieder gerne zusprechen. Die haben mir bestätigt, was ich vom Hörensagen schon zu wissen glaubte: nämlich, dass das unter dem Namen »Berliner Kindl« verkaufte Bier unter Kennern als ziemlich üble Plörre gilt.

Mangels eigenen Urteilsvermögens lasse ich diese Einschätzung jetzt mal so stehen, möchte aber als Hobby-Stadthistoriker hinzufügen, dass der Rat der Schwestergemeinden Berlin und Cölln bereits im Jahr 1300 auswärtige Biersorten zulassen musste, weil das innerhalb der Stadt gebraute Getränk nahezu ungenießbar war. Wie es scheint, hat der Berliner das Talent des Bierbrauens nicht gerade in die Wiege gelegt bekommen. Nichtsdestotrotz fand sich bereits 1874 auf dem Gebiet der Rollberge, die damals noch – wie der Berliner sagt – jwd, also »janz weit draußen«, vor der Stadtgrenze lagen, bereits ein 10.000 Quadratmeter großer Biergarten samt Vereinsbrauerei. Die Rollberge sind selbst den meisten Neuköllnern nur über das immer wieder in den Medien auftauchende dazugehörige Viertel ein Begriff. Darum ist mir daran gelegen, an dieser Stelle einen weiteren kleinen geographisch-geologischen Exkurs einzuschieben. Jeder, der vom Hermannplatz kommend in die Hermannstraße einbiegt, bemerkt sofort den deutlichen Anstieg des Weges: Man erklimmt die Rollberge – oder besser gesagt das Wenige, was von ihnen übrig geblieben ist. Geologisch betrachtet handelt es sich bei diesen Erhebungen – hin*gerollt* und aufgeschüttet von den Eiszeitgletschern – um die Fortsetzung des Kreuzberges. Die Eiszeitgletscher rollten in dieser Gegend vor allem Kies und Sand. Während die Rixdorfer Bauern auf dem fruchtbaren Teil des Gemeindebodens, der vornehmlich im Gebiet um den Richardplatz lag, Ackerbau betrieben, wurde auf den minderwertigen und kargen Kiesböden der Rollberge vorrangig Mehl gemahlen. Sage und schreibe vierzehn Windmühlen standen dort einstmals, die den über die Gipfelspitzen blasenden Wind für ihre Zwecke nutzten.

Je mehr die vor den Toren →Rixdorfs gelegene Stadt Berlin prosperierte, desto mehr wurde die Kies- zur Goldgrube, denn mit dem Kies konnte richtig Kies gemacht werden. Die boomende Bauindustrie hatte großen Bedarf an dem bis dahin wertlosen Material und in einem eher wild organisierten Bergbaubetrieb wurde der »scharfe Rixdorfer«, wie der so begehrte Baustoff liebevoll-spöttisch genannt wurde«, abgebaut und in die Stadt transportiert. Nicht zuletzt der von 1884 bis 1894 erbaute Reichstag verdankt ihm seine äußere Stabilität.

Die ungeheure Nachfrage hatte für die Besitzer der Kiesböden einen unverhofften und fast noch einträglicheren Nebeneffekt: Die durch die ständigen Abtragungen nahezu eingeebneten Rollberge (der jetzt noch spürbare Höhenunterschied ist nur noch ein Bruchteil der einstigen Erhebung) wurden für Bebauungspläne interessant. Hatten die Bauern, nachdem sie das ursprüngliche Müllergeschäft aufgegeben hatten, also zunächst fetten Reibach mit der Verhökerung ihres Sandes gemacht, konnten sie den Boden jetzt durch einen Verkauf gleich noch ein zweites Mal zu Geld machen. Und da die Grundstückspreise nicht nur in Berlin, sondern auch im gesamten unmittelbaren Umland in astronomische Höhen stiegen, war auch dies eine mehr als lohnende Unternehmung. (→Mieten)

Mit dem auf nun relativ flachen Gebiet erbauten Rollbergviertel entstand um die Jahrhundertwende das erste einheitliche, städtische Wohngebiet Rixdorfs. Schon bald war es berüchtigt für seine katastrophalen Wohnbedingungen mit Räumen ganz ohne Tageslicht, einer der

Das allgegenwärtige Berliner Kindl bei der Arbeit.

größten Bevölkerungsdichten Berlins und überdurchschnittlich vielen TBC-Kranken. Wahrscheinlich, weil das Leben in einer solch trostlosen Umgebung nur mit viel Bier zu ertragen war und weil an den Wochenenden auch die Berliner gern einen Ausflug nach Jottwehdeh wagten (→ Hasenheide), war auch der Rollberger Biergarten trotz oder wegen seiner Größe bald eine echte Goldgrube. In der dazugehörigen Brauerei hatte man sich außerdem 1891 entschlossen, erstmals ein Bier nach Pilsener Brauart herzustellen und unter dem Namen »Berliner Kindl« auf den Markt zu bringen. Da im Berlin der goldenen Gründerphase zahlreiche Brauereien aus dem Boden gestampft wurden, die ihren Aktionären zwar hohe Dividenden auszahlten, dafür aber eisern an der Qualität der Getränkezutaten sparten, war das vergleichsweise hochwertige Berliner Kindl-Pils ein schneller und leicht vorhersehbarer Erfolg. Für die auf Sparflamme hergestellten Sorten fand der allzeit kreative Berliner Volksmund übrigens den hübschen Begriff »Dividendenjauche«.

Der Biergarten florierte munter weiter und nach dem Ersten Weltkrieg entwickelten sich daraus die Kindl-Festsäle, die 1928 durch das damals größte Kino Europas ergänzt wurden, den »Mercedes Palast« mit 2.680 Sitzplätzen und ausgestattet mit den »neuesten technischen Hilfsmitteln«. Ein aus den Eröffnungstagen erhalten gebliebener Werbezettel kündigte eine Kinoorgel von »vollendeter Klangfülle und Reichhaltigkeit« an, während die eingebaute Heizung der »Neuzeit« entsprechen sollte – was immer das auch bedeutete. Und die Sitze? »Durchweg gepolstert und bequem«. Lichteffekte? »Noch nie da gewesen.« (Anmerkung des Autors: Warum dann also in Zukunft auf ein Erscheinen hoffen?) Eintrittspreise? »Der Wirtschaftslage angemessen.« Würde man im heutigen Europa eine solche Preispolitik betreiben, hätten unsere griechischen, portugiesischen, isländischen und irischen Freunde inzwischen überall freien Eintritt.

Sehr eindrucksvoll und vornehm wirkten die fünf pfeilerartigen Portale, die man über breite Treppen erreichte und die abends von sechs grünen Laternen verheißungsvoll angestrahlt wurden. Dem pompösen Eindruck des Eingangs entsprechend, hatte man geplant, links und rechts davon zwei feine Läden in eigens konstruierten Flügelbauten unterzubringen. Wenn man den Neuköllner und seine Vorlieben für die einfachen Freuden des Lebens kennt, kann man sich denken, was aus diesem Plan wurde: Links zog als »feiner Laden« eine Konditorei ein, rechts eine Stehbierhalle. Es ist auch nicht schwer zu erraten, welches der beiden Etablissements in der Regel besser besucht war.

Der eigentliche Glanzpunkt des neuen Baus aber war der Saal, den ein zeitgenössischer Kommentar wie folgt beschreibt: »Hier hat sich der Architekt F. Wilms wieder eine besondere Überraschung ausgedacht, indem der weite Saal von einer blaugrünen Decke überspannt wird, die zugleich durch verdeckt aufgestellte Scheinwerfer hinter der breit vortretenden Logenbekrönung mit azurblauem Licht stark angestrahlt wird. Dadurch scheint die Decke in dem zarten ätherischen Blau einer Himmelskuppel zu leuchten und der Zuschauer steht unter dem Eindruck, als säße er in einem Freilufttheater und blicke in den offenen Himmel hinein.«

Da sich der Tonfilm in Deutschland erst zwei Jahre nach der Eröffnung des Mercedes-Palastes durchsetzte, war die von leibhaftig im Orchestergraben sitzenden Musikern begleitete Stummfilmaufführung das Kinoerlebnis jener Jahre. Die Filme waren in der Regel recht kurz, so dass man die einzelnen Streifen mit artistischen und musikalischen Zwischenspielen verband. Deshalb nannte sich der Mercedes-Palast im Untertitel zu Recht »größtes Kino-Variete Europas«.

Am Abend des 20. Januar 1931 kam es in dem wegen der Wirtschaftskrise nicht immer gut gefüllten Haus zu einem spektakulären Mordfall. Gegen 21 Uhr 40 fand die Programmverkäuferin Frau Rathke ihren Geschäftsführer tot im Theaterraum auf. Der von der Polizei schon früh verdächtigte Artist Karl »Charly« Urban konnte ein zunächst scheinbar hieb- und stichfestes Alibi vorweisen. Erst nach mehreren Gegenüberstellungen und unzähligen knallharten Verhören (den härtesten, die »die roten Mauern des Berliner Polizeipräsidiums je erlebt hatten«, wie Urbans Staranwalt Dr. Dr. Frey behauptete), gelang es den Ermittlern, den Täter am Ende doch zu überführen. Wegen der geschickten Verhandlungsführung seines Anwalts wurde er nur wegen Totschlags verurteilt und kam 1939 nach achtjähriger Strafe frei. Später soll er in der »sowjetisch besetzten Zone« geheiratet und ein ruhiges bürgerliches Leben geführt haben.

Nach Beseitigung der Kriegsschäden eröffnete das Lichtspielhaus 1951 seine Pforten unter dem neuen Namen »Europa-Palast«, um dann im Rahmen des großen Berliner Kinosterbens 1969 einem Woolworth zu weichen. Die Kindl-Festsäle existierten dagegen noch – wenn auch meist mehr schlecht als recht – bis zur Wende 1989. Das Gebäude des ehemals größten Kinos Europas wurde 1996 durch den Neubau des Kindl-Boulevards ersetzt, während Woolworth in die leerstehenden ehemaligen Kindl-Festsäle umzog. Wenigstens offiziell ist der Kindl-Boulevard also keineswegs eine Biermeile, sondern ein Einkaufszentrum. Allerdings scheinbar eines der weniger erfolgreichen Art – zumindest lassen darauf die immer wieder auftauchenden Schilder schließen, die wahlweise einen Räumungsverkauf oder eine tollkühne Neueröffnung anzeigen, die dann ihrerseits meist schon wenige Monate später kleinlaut wieder das Räumungsverkauf-Schild in das Schaufenster stellt.

Die Anwohner dieser eigentümlich leblosen Shopping-Mall lassen die vom Bier geprägte Tradition des Standortes auf ihre Weise wieder aufleben. Sie treffen sich in größeren Gruppen vor dem Supermarkt und missbrauchen die Stehtische der Bäckerei als Ersatztresen. Ich nenne das »gelebte Geschichte«. Und offenbar in dem Bemühen, ihren besten Kunden weite Wege zu ersparen, hat sich das Neuköllner Jobcenter im Oktober 2009 die Mühe eines umfangreichen Umzugs gemacht und seine neuen Zelte direktemang im Kindl-Boulevard aufgeschlagen. (→ **Forstschritt** → **Hartz IV**) Zumindest braucht diese Neueröffnung keinen Räumungsverkauf zu befürchten. Der ehemalige West-Berliner Bürgermeister Willy Brandt hätte zu diesem Akt gelebter Kundennähe wahrscheinlich gesagt: »So wächst zusammen, was zusammengehört.«

Kindl-Brauerei → Fassbrause → Kindl-Boulevard
Knabenunfug → Hasenheide

Knallhart

Detlev Bucks Film war der erste
Neukölln-Film

Auch wenn es sich dabei eindeutig um keinen Neukölln-Film, sondern eher um einen weitgehend nostalgisch verklärten Blick auf die untergegangene DDR handelt, so trug doch schon sieben Jahre vor »Knallhart« ein Streifen zumindest den Namen einer der zentralen Neuköllner Achsen im Titel. Ich meine den 1999 gedrehten und an den Kinokassen ungeheuer erfolgreichen Leander-Haußmann-Film »→ Sonnenallee«.

Detlev Bucks clevere Public Relation-Maschinerie schaffte es jedenfalls, »Knallhart« als DEN authentischen Neukölln-Streifen ins öffentliche Bewusstsein zu hieven. Geschickt wurde mit den Ängsten der Bürger vor den einige Zeit zuvor in diversen Leitmedien wie dem »Spiegel« lancierten negativen Neuköllner Klischees jongliert und daraus Kapital geschlagen. Ich erinnere mich jedenfalls noch gut an die fette Berlinpremiere des Films im März 2006. Detlev Buck wollte keine »Schicki-Party am Potsdamer Platz«, sondern ein »Volksfest in dem Kiez, in dem der → Film stattfindet.« Also wurden gleich alle neun Säle der in der → Karl-Marx-Straße gelegenen Karli-Kinos gebucht, die wegen der im Vorfeld der Premiere gelaufenen massiven PR-Kampagne prompt auch alle ausverkauft waren. 2.500 Besucher für einen eher mittelmäßigen Reißer – keine schlechte Ausbeute. Hinterher durften alle zur Premierenparty in das ehemalige Hertie-Kaufhaus gegenüber vom Rathaus → Neukölln.

Einen viel realistischeren Blick auf das Leben in unserem Stadtteil hatte vier Jahre zuvor der Berliner Dokumentarfilmer Bernhard

Sallmann geworfen. In seiner vom ZDF finanzierten Dokumentation »Neukölln« lässt er ein gutes Dutzend Alt-Neuköllner zu Wort kommen, die dem Zuschauer ihr eigenes Bild des Bezirks vermitteln. Damit wollte der Filmemacher ganz bewusst ein unaufgeregtes und wirklichkeitsgetreues Gegengewicht zu den sensationslüsternen Artikeln schaffen, in denen Neukölln zur »Endstation« und »Berliner Bronx« erklärt wurde.

Für Neukölln-Interessierte gleichfalls sehr empfehlenswert ist der Dokumentarfilm »Neukölln Unlimited«, der 2010 bei der Berlinale den ersten Preis der Jury »Generation 14 Plus« erhielt. In diesem eindrucksvollen Film dokumentieren Agostino Imondi und Dietmar Ratsch die Geschichte der libanesischen Akkouch-Geschwister, die als talentierte Tänzer und Musiker in der deutschen Streetdance- und Hip-Hop-Szene ziemlich bekannt sind, deren Familie aber seit gut achtzehn Jahren ohne sicheren Aufenthaltsstatus in Deutschland lebt und ständig von der Abschiebung in den Libanon bedroht ist. Meine Lieblingsszene des Films ist ein Streitgespräch zwischen Hassan Akkouch und Berlins SPD-Innensenator Ehrhart Körting in einem Berliner Jugendclub. Auf Körtings blutleeres Politprofi-Statement »Man muss überprüfen ob das Bleiben einer eingereisten Familie im öffentlichen Interesse des Landes Berlin ist«, bricht es aus Hassan heraus: »Herr Körting, meiner Meinung nach schüren Sie einen Hass bei mir.« Chapeau – das nenne ich einen perfekten Konter!

Filme, die nicht in Neukölln spielen

- Das deutsche Kettensägenmassaker
- Stirb langsam
- Schrei, wenn du kannst
- Was gibt's Neues, Pussy?
- Apocalypse Now

Kopftuch

In Neukölln ist das Tragen von Kopftüchern
für alle Frauen Pflicht

Ja. Stimmt. Genau wie alle Holländerinnen zwangsweise Käsehüte tragen müssen. Ihre gebügelten Burkas holen Neuköllner Frauen aber nur an hohen Feiertagen aus dem Schrank. Nein, natürlich ist das Quatsch. Tatsache ist allerdings, dass Kopftuch tragende Frauen und Mädchen in → Neukölln sicher häufiger anzutreffen sind als beispielsweise in Oberammergau.

Ob die Kopftücher immer aus Glaubensgründen getragen werden, ist aber eine ganz andere Frage. Manche Girlies im H&M-Look scheinen ihre Kopfbedeckung doch eher als modisches Accessoire zu sehen. Man darf ja nicht verkennen, dass es zum Beispiel im Internet einen allem Anschein nach ziemlich erfolgreichen Webshop namens styleislam.de gibt. Wem das seltsam vorkommt, der kann wahrscheinlich auch mit Begriffen wie »Pop-Islam« und »Muslim 2.0.« nichts anfangen. Ich bekenne mich schuldig im Sinne der Anklage. Auch wenn ich stets dafür plädiere, im Leben nicht immer alles so furchtbar ernst zu nehmen: Derart pseudomodernes Gewäsch, das hoch private Dinge wie die Religion eines Menschen zum Vorwand nimmt, um den eigenen Profit zu maximieren, finde ich respektlos und ärgerlich.

Solche geschäftsgeilen Trendnasen wie die Modemoslems beweisen immerhin, dass mein spezieller Freund Thilo Sarrazin völlig falsch liegt, wenn er jedes auf der Straße zu sehende Kopftuch als aggressiven Angriff auf die westliche Wertegemeinschaft versteht. Zum Glück hat er sich bislang mit seinem fundamentalistischen Kopftuchverbot für Schülerinnen nicht durchsetzen können.

Viel näher an der gelebten Wirklichkeit liegt der Neuköllner Bildungsstadtrat Wolfgang Schimmang (SPD), wenn er sagt, aus seiner Sicht sei das Kopftuch kein relevanter Diskussionspunkt mehr. Unter dem Motto »Entscheidend ist, was unter dem Kopftuch steckt« gehen sowohl Schülerinnen als auch Neuköllner Lehranstalten inzwischen rein pragmatisch mit dem Thema um und haben alltagstaugliche Regeln aufgestellt – wie zum Beispiel ein »Untertuch« ohne Nadeln im Sportunterricht, damit keine Verletzungsgefahr besteht.

Auch wenn Kopftuchträgerinnen im Berliner Schulleben derzeit keinen gravierenden Diskriminierungen ausgesetzt zu sein scheinen, sieht das in der Arbeitswelt augenscheinlich anders aus. Selbst gut ausgebildete Musliminnen berichten immer wieder von massiven Vorurteilen der Arbeitgeber und dass ihnen im Zweifelsfall selbst deutlich geringer qualifizierte Mitbewerberinnen vorgezogen werden. Eine wirklich zuverlässige Statistik zu dem Thema gibt es derzeit noch nicht. Aber in der Berliner Antidiskriminierungsstelle zweifelt niemand an der Richtigkeit solcher Aussagen. Schamlose Populisten wie ein gewisser ehemaliger Berliner Finanzsenator, der seine Existenz (wie sein Name eindeutig preisgibt) allein der Fruchtbarkeit sarazenischer Vorfahren verdankt, sollten vielleicht einmal überlegen, ob das Fördern von Toleranz und gegenseitigem Verständnis unsere Gesellschaft nicht eher voranbringt als das ständige Schüren dumpfer Ressentiments.

Körner, Franz Wilhelm Theodor ➜ **Körnerpark**

Körnerpark

Der Körnerpark heißt so, weil dort
das Taubenfüttern erlaubt ist

Ist das so? Ich bin mir gar nicht so sicher, ob es überhaupt irgendwo in Berlin erlaubt ist, Tauben zu füttern. Zufällig weiß ich, dass dieses früher speziell bei einsamen alten Damen verbreitete Hobby zum Beispiel im gesamten Hamburger Stadtgebiet verboten ist. Aus gutem Grund. Durch die paradiesischen Lebensbedingungen, die Tauben in Großstädten vorfinden, ist der Bestand an diesen inzwischen gern »Ratten der Lüfte« genannten Vögeln in den letzten Jahrzehnten förmlich explodiert. Mit negativen Folgen für Gebäude und Stadtbewohner, denn Taubenkot verunreinigt nicht nur Häuser und Bürgersteige, sondern schädigt auch die Substanz der Fassaden, mal ganz davon abgesehen, dass er auch unangenehme Krankheitserreger enthält. Also leben die Menschen heutzutage immer stärker nach Georg Kreislers Maxime »Komm, gehn mer Tauben vergiften im Park«.

Dabei haben Tauben und Menschen jahrtausendelang wunderbar harmonisch zusammengelebt. So viel man weiß, waren Tauben, lange vor Hund und Katz, unsere ersten Kameraden und Haustiere. Wegen ihrer monogamen Lebensweise und ihrem liebevollen Turteln waren sie zudem seit alters her Symbol glückerfüllter Liebe. Aber tempi passati, vorbei und vergessen. Heute möchte der Mensch den Bestand der einstigen Freunde nur noch so radikal wie möglich dezimieren.

Mit der Namensgebung des Körnerparks hat all das jedenfalls gar nichts zu tun. Pate stand ein Rixdorfer Kiesgrubenbesitzer namens Franz Wilhelm Theodor Körner, der seinen zwischen Jonas- Schierker und Wittmannsdorfer Straße gelegenen Grundbesitz seiner geliebten

Heimatstadt vermachte – und zwar mit nahezu perfektem Timing knapp ein Jahr vor dem Ableben. Die einzige Bedingung lautete, dass auf dem Areal ein nach ihm benannter Park angelegt werden sollte. Herr Körner, von dem es heißt, er habe sich mit seiner äußerst lukrativen Grube den »Kommerzienrat« erbuddelt, war nämlich nicht nur ein cleverer Unternehmer, sondern, ähnlich wie in späteren Jahren Loki Schmidt, ein leidenschaftlicher Freund der Botanik. (➔ Pflanzen) So züchtete er die von ihm nach dem Architekten des deutschen Einheitsstaates getaufte Riesensonnenblume »Helianthus annuus Bismarckianus«.

Also schufen die Neuköllner Stadtväter, um dem Willen des Erblassers Genüge zu tun, zwischen 1912 und 1916 eine rund 2,4 Hektar große Anlage, die dem »umgebenden Stadtviertel ein besonders schmuckvolles Gepräge« geben sollte. Stilistisch entschied man sich für den damals angesagten Neobarock, der sich vor allem durch seine klare Formgestaltung auszeichnet. Ein beliebtes gartentechnisches Mittel ist dabei die Anlage eines Senkgartens, der sich hier schon deswegen anbot, weil das Areal durch die vorherige Nutzung als Kiesgrube fünf bis sieben Meter tiefer als die umgebenden Straßenzüge lag.

Darum fasste man das Gelände auf drei Seiten mit Stützmauern ein und setzte an die westliche Einfassung nach – zugegebenermaßen recht hoch gestecktem – Versailler Vorbild eine Orangerie, die heute unter anderem ein Café und eine Galerie beherbergt sowie für die beliebte Veranstaltungsreihe »Sommer im Park« und andere Events genutzt wird. Auf der Ostseite findet die Hauptachse ihren Abschluss in einer recht aufwändigen Kaskadenanlage samt Fontänenbecken.

Das Gelände erlangte übrigens archäologische Berühmtheit, als 1912 an der Ecke Jonas-/Selkestraße das aus der Zeit der Völkerwanderung, also etwa aus dem 5. bis 6. Jahrhundert nach Christus, stammende »Reitergrab von Neukölln« freigelegt wurde. Dabei handelte es sich um die letzte Ruhestätte eines mit rund vierzig Jahren verstorbenen Hunnen, der nach Stammessitte zusammen mit seinem Pferd dort beerdigt worden war. Der Tote hielt ein Schwert quer über den Körper.

Der Körnerpark – schick, wa?

Mit im Grab lagen außerdem Reste eines mit Eisenteilen beschlagenen Ledergürtels, zwei Bronzenägel sowie ein Tongefäß für Speise oder Trank als Grabbeigabe.

Ein weiteres und bislang letztes Mal in das grelle Licht der Medienöffentlichkeit trat der Körnerpark am 2. April 2004. An diesem Tag wurde der für mich auf jeden Fall zu den schönsten Gartenanlagen Berlins zählende Park zu Neuköllns erstem denkmalgeschützten Objekt erklärt.

Kottbusser Damm → Döner
Kreuzkölln → Gentrifizierung → Gropiuspassagen →
    Mieten

Kriminalität

Neukölln ist der Berliner Bezirk
mit der höchsten Kriminalitätsrate

Ich erinnere mich noch sehr gut an einen ungewöhnlichen Auftritt, den ich im Frühjahr 2008 an der Friedrich-Ludwig-Jahn-Schule in Kreuzberg hatte. Mein ehemaliger Chef, Gary Menzel, hatte mich eingeladen, im Rahmen der von ihm ins Leben gerufenen Präventions-Initiative »Stopp Tokat! – Abziehen ist Raub« den Jugendlichen vor Ort den Ernst solcher gelegentlich als Mutprobe oder Selbstbestätigung gemeinten, aber eindeutig kriminellen Aktionen vor Auge zu führen. Ihm ging es dabei nicht nur um den Schutz der Opfer, sondern auch um den der Täter vor sich selbst, denn wer einmal wegen Raubes vorbestraft ist, der bekommt im späteren Leben nicht einmal mehr einen Job als Kloputzer.

Solche Treffen mit Jugendlichen sind oft unfreiwillig komisch und wirken, als führten Laiendarsteller eine von Bushido geschriebene Schmierenkomödie auf. Sich betont abgeklärt gebende pubertierende Zwölfjährige erzählen einem im Tonfall kampferprobter Mafiosi, dass sie einfach schon zu viel gesehen hätten auf diesen Ghetto-Straßen und dass es ohne Gewalt eben nicht gehe. Auch bei dem besagten Auftritt war es anfangs schwierig, gegen das Gekicher der Mädchen und den Lärm der Jungen anzukommen. Zunehmend stiller im Raum wurde es aber, als ich anfing, den Jugendlichen ernsthaft ins Gewissen zu reden. Sätze wie »Dass ihr in einem Ghetto wohnt, zieht nicht als Ausrede für Gewalt. Ich bin auch aus dem Ghetto und habe trotzdem was aus mir gemacht.« oder »Ihr gebt hier den coolen Straßenkämpfer – aber die Leute sagen irgendwann, dass es immer die Scheiß-Kanacken sind, die Mist bauen. Ihr müsst euch überlegen, wie viele Argumente ihr ausländerfeindlichen Menschen noch liefern wollt«, trafen bei den Kids offenbar einen Nerv. Plötzlich wurden sie ganz ruhig und nachdenklich.

Ich erwähne dieses Beispiel, weil mir bei dieser Gelegenheit wieder einmal sehr deutlich wurde, dass man auch angeblich auffällige Problemjugendliche durchaus noch mit Argumenten und nicht nur mit Strafen und Abschreckung erreichen kann – was ja von mancher Seite immer gern als hoffnungslose Realitätsferne abgetan wird. Keine Sorge, als ehemaliger Streifengänger bin ich keineswegs so naiv zu glauben, man könnte in unserer Gesellschaft alle Probleme mit schönen Worten und gutem Zureden aus der Welt schaffen. Aber die oft zu hörende Schwarzmalerei ist genauso beschränkt wie die rosarote Schönfärberei.

Die Probleme, die → Neukölln – genau wie viele andere Großstadtbezirke auch – vor allem mit → Jugendkriminalität hat, sind real und nicht von der Hand zu weisen. Oftmals zu hörende Hinweise auf sinkende Jugendkriminalitätsraten sind schon deswegen nur die halbe Wahrheit, weil die sinkende Geburtenrate und die Verschiebung der Alterspyramide zu den Älteren hin das Bild verfälscht. Auch ist nicht zu bestreiten, dass ein großer Teil jugendlicher Intensivtäter in Neukölln Migrationshintergrund hat, sprich meist arabischer oder türkischer Abstammung ist. Die kürzlich freiwillig aus dem Leben geschiedene ehemalige Neuköllner Jugendrichterin Kirsten Heisig sprach sogar davon, dass vier von fünf Intensivtätern Migrantenkinder seien. Das kommt mir persönlich zwar etwas hoch gegriffen vor, aber ganz ausschließen möchte ich diese Zahl nach den Erfahrungen meiner Polizeijahre wiederum nicht.

Trotzdem muss man immer auch sehen, dass es sich bei den aktenkundig gewordenen ausländischen Gewalttätern nach wie vor nur um einen sehr kleinen Teil der Zehntausenden in Berlin aufwachsenden Einwandererkinder handelt. Das ist keine Verharmlosung der zweifelsohne schwierigen Situation, sondern schlicht und einfach eine

Tatsache. Auch die Ursachen für die unübersehbar wachsende Gewaltbereitschaft Jugendlicher sind natürlich vielfältig, aber wer einmal gesehen hat, wie bei kinderreichen Neuköllner Ausländerfamilien in der Zweieinhalb-Zimmer-Wohnung tagsüber die sechs Schlafmatratzen der Kinder hochgeklappt werden müssen, damit überhaupt ein wenig Platz zum Leben bleibt, der versteht zumindest, warum die Kinder schon früh das Bedürfnis haben, so lange wie möglich auf der Straße zu bleiben und sich dort ihre Erziehung und Wertvorstellungen holen. In Neukölln bedeutet Straße übrigens oft die U7, die sich wie eine pulsierende Hauptschlagader durch den gesamten Bezirk zieht. Mit ihr pendeln die Kids von Nord nach Süd und zurück– immer auf der Suche nach dem ultimativen Kick und bald enttäuscht von der Eintönigkeit des realen Lebens.

Strafe ist als Abschreckung und Sanktion natürlich unerlässlich, aber dass die Verschärfung von Gesetzen kein Allheilmittel ist, zeigt schon das Beispiel unseres Waffengesetzes. Als dieses vor einiger Zeit in seiner neuen Fassung die einstmals bei Jugendlichen so beliebten Butterfly- und Springmesser verbot, nannte plötzlich jeder Ghetto-Streetfighter, der etwas auf sich hielt, einen Teppichschneider sein eigen. Naturellement rasierklingenscharf! Es dauerte einige Zeit, bis die Polizei begriff, dass nicht plötzlich alle Jugendlichen Auszubildende im Teppichgewerbe waren ...

Im Zusammenleben jeder Gemeinschaft muss es vor allem immer auch um gemeinsame Werte und um Respekt gehen. Arabisch- oder türkischstämmige Jugendliche haben aufgrund ihres kulturellen Backgrounds diesen Respektbegriff noch viel stärker verinnerlicht als deutsche Kids. Der Streetworker Fadi Saad, der als Jugendlicher mit seiner Gang »Araber Boys 21« Berlin unsicher machte, sagte in einem Interview:»In unserer Kultur ist der Respekt vor dem Alter viel größer als in Deutschland. Als Lehrer ist man sehr angesehen. Das kann die Schule hier nicht vermitteln, die Autorität fehlt. ... Ich weiß von mir früher: Wenn ein Lehrer mich ausgeschimpft hat vor der Klasse, bin ich

Was Deutsche antworten, wenn Sie nach dem aufregendsten Männerberuf gefragt werden:

Platz 1: Formel-1-Pilot
Platz 2: Notarzt
Platz 3: Trainer beim FC Bayern
Platz 4: Außenminister
Platz 5: Stuntman
➜ Platz 6: Polizist in Neukölln ⬅
Platz 7: Fernsehkoch
Platz 8: Playboy-Chefredakteur
Platz 9: Geheimagent
Platz 10: Bierbrauer

Quelle: www.rankaholics.de

nicht ruhig geblieben. Ich kann ja nicht vor der gesamten Klasse nachgeben. ... Das habe ich versucht, einer Lehrerin zu erklären: Nehmen Sie den Schüler raus aus der Klasse, vor die Tür. Drei, vier kurze Sätze, was nun ist, dann gehen Sie wieder rein. Dann weiß er, dass Sie ihn respektieren. Den Respekt gibt er Ihnen zurück. Und: kein Anschreien. Ich lass mich auch von niemandem anschreien.«

Das ist auf den Punkt gebracht. Im Leben geht es nun einmal immer auch darum, sein Gegenüber ernst zu nehmen. Pauschale Diffamierungen und Vorverurteilungen fördern nur das, was sie zu bekämpfen vorgeben. Und was die Neuköllner Kriminalitätsrate angeht: Unser ach so verschriener Stadtteil steht in der Berliner Straftaten-Statistik von 2009 nur auf Platz 4 – hinter Mitte, Friedrichshain-Kreuzberg und sogar Charlottenburg-Wilmersdorf. Tendenz fallend ... Übrigens wird in Neukölln vorwiegend geklaut, erst unter ferner liefen werden Sachen beschädigt, Körper verletzt und krumme Dinger mit ➜ Drogen gedreht. (➜ Hasenheide)

Krömer, Kurt ➜ Berühmtheiten

Kultur

In Neukölln gibt es keine Kultur

Wie sollte es auch? Hier bei uns leben und arbeiten nur Troglodyten, die sich auf dem geistigen und kulturellen Stand der Höhlenzeit befinden. Es gibt einige wenige kleine Ausnahmen, die man eigentlich ignorieren kann. Aber ich möchte dennoch kurz auf sie eingehen. Unser retardierter – aber nichtsdestotrotz charmanter – Stadtteil weist immerhin neun Ausstellungsorte, dreizehn Theater- und Konzertsäle und vier Museen auf. Darüber hinaus existiert das Kulturnetzwerk Neukölln e.V., in dem derzeit achtundzwanzig Kultureinrichtungen und -projekte organisiert sind. Wir haben fünf öffentliche Bibliotheken (der sich so bildungsbürgerlich gebende Stadtteil Steglitz-Zehlendorf nennt nur vier sein eigen) und unsere Musikschule ist (Stand: 2007) erheblich stärker frequentiert als beispielsweise die in Reinickendorf, Spandau, Treptow-Köpenick oder auch Friedrichshain-Kreuzberg. (➔ Musik)

Das ist aber nur die nach außen hin sichtbare, sozusagen die Vorzeigekultur ➔ Neuköllns. Steigen wir einige Stufen herab in den in manchen Augen ein wenig angeschmuddelten, aber umso spannenderen Untergrund, stoßen wir unter anderem auf den Parcours aus Techno-Spelunken und Experimentalkunst-Kneipen, der sich in den letzten Jahren im rund um die ➔ Sonnenallee wabernden Kiez entwickelt hat. Oder auf schräge Highlights wie den in der Friedelstraße angesiedelten Kulturverein »Kinski«, die auf Wodka und Gurkenhäppchen spezialisierte Schummerlicht-Bar »Kuschlowski« oder die lustige »Popo Bar«, in der die DJs auf Hochbett-Emporen thronen. (➔ Gentrifizierung) Und irgendwo zwischen amtlicher Kultur und Untergrund-Netzwerk haben sich ganz eigenständige Einrichtungen wie die Neuköllner Oper, das jüdische Theater »Bimah« oder der »Heimathafen« (→ Hafen) im ehemaligen Saalbau Neukölln ihre kuschelige Nische geschaffen. So propagiert der Heimathafen vollmundig, aber selbstbewusst: »Berlin hat wieder Volkstheater« und bildet auf seinen Plakaten Menschen ab, die so aussehen, als könnten sie einem im nächsten Augenblick in der Imbissbude an der Ecke den Ketchup ihrer Currywurst in die Haare schmieren. Das junge Betreiberkollektiv, das für sein Wirken im denkmalgeschützten Saalbau an der → Karl-Marx-Straße wohlhabende Gönner an Land ziehen konnte, hat die Volksnähe zum Konzept gemacht. Und so finden sich auf dem Spielplan des »Heimathafens« harmlose Revuen wie die »Rixdorfer Perlen« mit rotzfrechen Urberliner Liedern aus dem einstigen Vergnügungs- und Skandalviertel → Rixdorf neben Produktionen wie »Berlin Hermannplatz« – der volkstümlichen Neuköllner Antwort auf Döblins »Berlin Alexanderplatz« – und engagierten Stücken am Puls der Zeit, die auf differenzierte Weise das Migranten-Milieu des heutigen Stadtteillebens reflektieren.

Der prächtige neobarocke und mit Jugendstilelementen verzierte Saal der Spielstätte lohnt übrigens eine Besichtigung auch dann, wenn gerade keine Veranstaltung läuft. (→ Architektur) Denn bei dem Haus handelt es sich um eines der ältesten Kulturbauwerke Rixdorfs. Schon 1876 eröffnete auf diesem Grundstück »Niesigks Salon«, ein Dorfgasthaus mit angeschlossener Pferdewechselstation, das schon bald zu den beliebtesten Kulturstätten des etwas gehobeneren Rixdorfer Kleinbürgertums zählte. 1878 fand hier die erste Rixdorfer Gewerbeausstellung statt. 1894 erhielt das Lokal die Bezeichnung »Bürgersäle« und wurde weiter ausgebaut. Seit 1899 wurde hier Theater gespielt und 1904 entstand unter dem Mitbegründer der Volksbühnenbewegung und Mitglied des Friedrichshagener Dichterkreises Julius Türk eines der ersten städtisch subventionierten Theater Preußens, das »Rixdorfer Stadttheater«. Nach dem Ersten Weltkrieg pachteten die UFA-Filmstudios den Saalbau und betrieben in den Räumen das

Städtische Lichtspieltheater Neukölln, bis die Nazis hier 1942 eine Sammelstelle für eingezogene Güter jüdischer Bürger einrichteten. Nach einer vorübergehenden Schließung wurden die Säle 1954 renoviert und umgebaut und als Konzert-, Theater- und Filmsaal unter der Ägide des Kunstamtes Neukölln wiedereröffnet. Als Neukölln durch den Mauerbau an den Stadtrand rutschte, wurde die Bühne zunehmend unrentabler und musste 1968 endgültig geschlossen werden. Ende der achtziger Jahre stand der geschichtsträchtige Bau sogar kurz vor dem Abriss, was das Kulturamt zum Glück in letzter Minute verhindern konnte. 1990 wurde der Saalbau stattdessen in seiner heutigen Form als Neuköllner Kulturstätte mit Theater- und Konzertsaal, Ausstellungsräumen und dem Café Rix wiedereröffnet, um dann am 1. April 2009 vom Volkstheater-Kollektiv »Heimathafen Neukölln« übernommen zu werden.

Ein ganz anderes Programmkonzept als der Heimathafen verfolgt das in der Jonasstraße gelegene jüdische Theater. Hier kann ein kleines aber feines Publikum neben Tucholsky-Abenden auch anspruchsvolle israelische Gegenwartsdramatik genießen.

Unsere vielfältigen kulturellen Einrichtungen sind eine Seite der lebendigen Bezirkskultur. Mindestens ebenso interessant sind jedoch die sich im Kulturdschungel zu behaupten versuchenden Neuköllner Einzelkämpfer. (➔48 Stunden Neukölln) Der begrenzte Platz dieses Buches reicht leider nur für einige wenige Beispiele. Wer sich eingehender informieren möchte, ist herzlich eingeladen, einige Wochen lang in unser einschlägiges Nachtleben einzusteigen. Auch wenn sie nicht meinen persönlichen Musikgeschmack bedienen, finde ich zum Beispiel Bands wie »Kill her First« oder »Fairy« bewundernswert, die seit einigen Jahren auf eigene Faust, ganz ohne Label und Vertrieb, das Musikleben aufmischen – und das durchaus nicht ohne Erfolg.

Ebenso den Action-Weber Travis Joseph Meinolf, der in der Pflügerstraße hinter einer Schaufensterscheibe sitzt und wie ein Märchenonkel an seinem Webstuhl arbeitet. Seine Idee ist es, Besuchern Schals

Neuköllner Streetart – wer weiß, vielleicht schlummert in Neukölln ja ein unentdeckter Bansky.

zu weben, während sie ihm in der Zwischenzeit ihr Leben erzählen. Wie ich meine, eine gelungene Mischung aus Handwerksbetrieb und Beichtvater. Sozusagen vom Web- zum Beichtstuhl und zurück …

Meine ganz persönlichen Neuköllner Künstlerfavoriten sind aber die Autoren Johannes Groschupf und Hans-Gerd Pyka. Beide haben sehr lesenswerte Neukölln-Romane geschrieben, die in den 1970er und 1980er Jahren spielen. Was ich an diesen Büchern besonders mag, sind die Zeugnisse Neuköllner Sprache und Schlagfertigkeit, denen die Schreiber ein hoffentlich immerwährendes Denkmal setzen. Kleinode wie »Kümmer dir um Du!« oder Kneipen-Sinngedichte wie »Und sitzt Du hier beim Bier / bleib ruhig dabei / Die Frau schimpft um vier / genau wie um zwei« beweisen, dass wir Neuköllner auch als kulturlose Höhlenmenschen große Sprachkünstler und Philosophen sind. Absolutes Highlight ist für mich ein herrlicher Dialog zwischen Kundin und Verkäuferin beim Schrippen-Kauf. Kundin »Ist da Ei drin?« Verkäuferin: »So weit bin ich noch nicht vorgedrungen.«

Maientage

Die Neuköllner Maientage sind das Gegenstück zu den Kreuzberger Maikrawallen

Auch wenn ich es als Lokalpatriot nur ungern zugebe: Im Gegensatz zu den überregional bekannten Kreuzberger 1.-Mai-Krawallen sind die Neuköllner Maientage leider eine eher Einheimischen bekannte Sause mit geringer internationaler Ausstrahlung. Dafür haben unsere Maientage aber gegenüber der Kreuzberger Konkurrenz einige unübersehbare Vorteile.

Erstens beginnen sie schon – was sich das Münchner Oktoberfest wahrscheinlich von uns abgeschaut hat – bereits in der zweiten Hälfte des Vormonats, hier also im April.

Das heißt, wenn der Kreuzberger gerade erst anfängt, seine Wurfgeschosse aus dem Straßenpflaster zu brechen, ist der Neuköllner schon seit einer guten Woche am Schunkeln, Trinken und Achterbahnfahren. Dies beweist wieder einmal, um wie viel schneller als sein konkurrierender Berliner Stadtteilnachbar der Neuköllner naturgemäß nicht nur im Denken, sondern vor allem im Handeln ist.

Zweitens dauert das Fest im Gegensatz zu seinem Kreuzberger Antipoden nicht nur einen Tag und eine Nacht, sondern geschlagene vier Wochen. Dies wiederum zeigt, um wie viel ausdauernder und sorgfältiger als seine Berliner Stadtteilkonkurrenz der Neuköllner seinen Aufgaben und Pflichten nachgeht.

Drittens sind die Maientage im Gegensatz zu den Kreuzberger Mai-Festspielen mit viel weniger Gefahr für Leib, Leben und Eigentum verbunden. Dies beweist wiederum, um wie viel friedfertiger und gesetzestreuer als seine berühmten Berliner Nachbarn der Neuköllner ist – na ja, oder zumindest, um wie viel cleverer er seine gesetzeswidrigen Verhaltensweisen zu tarnen versteht.

Da ich oben schon kurz auf die ungeliebte und uns, was Spaßfaktor und Drogenvielfalt angeht, nicht das Bier reichen könnende Konkurrenz der Münchener Wiesenveranstaltung eingegangen bin: Schon allein die Tatsache, dass wir im sonnigen Wonnemonat Mai feiern, beweist die turmhohe Überlegenheit unseres Volksfestes. Wer seine Feste unbedingt in den dunklen und nasskalten Herbst legen muss, kann nicht wirklich ein Feierbiest sein und muss solche dann offenbar, notdürftig als Fußballtrainer getarnt, aus Holland importieren.

Und um noch kurz auf die »Drogenvielfalt« zurückzukommen. Die Maientage finden traditionsgemäß im Volkspark →Hasenheide statt, der historisch gesehen vor allem als Wirkungsstätte des legendären Turnvaters Jahn bekannt ist. Heutzutage kennt der Berliner die Hasenheide aber eigentlich nur noch als Biotop manischer Jogger und abwechselnd wie eingefroren auf Kundschaft wartender oder hektisch vor der Staatsmacht davon spurtender Drogendealer. Während der Münchener Oktoberfest-Besucher sich überschlägig betrachtet nur an der üblichen Maß des recht wässerigen und alkoholarmen bayrischen Bieres berauschen kann, hat der Maientage-Kenner die quälende Wahl zwischen zahlreichen legalen und insbesondere illegalen Rauschsubstanzen. (→Drogen) Wenn das kein unschlagbarer Pluspunkt sowohl gegenüber den Kreuzberger Maifestspielen als auch dem Münchener Oktoberfest ist, dann weiß ich auch nicht.

Märkisches Viertel → Gropiusstadt
Maybachufer → Gropiuspassagen
Meysel, Inge → Berühmtheiten

Mieten

In Neukölln zu wohnen ist billig

Genau betrachtet ist diese Aussage nach dem jetzigen Stand der Dinge eigentlich kein Irrtum, könnte aber mittelfristig einer werden. Ende 2009 lagen die durchschnittlichen Kaltmieten mit 6,30 € (Britz), 5,23 € (Buckow), 5,57 € (Neukölln) und 5,59 € (Rudow) pro Quadratmeter noch im unteren Bereich der Berliner Durchschnittsmieten.

Allerdings sind die Quadratmeterpreise in den letzten Jahren (mit Ausnahme von Buckow) zwar moderat, aber dennoch stetig gestiegen. Auch die steigende Nachfrage nach Wohnungen sowie Mietsteigerungen von im Mittel rund vier Prozent bei Neuvermietungen sind erste Indizien für den heute so gern → **Gentrifizierung** genannten schleichenden Strukturwandel.

Auf den gesamten Bezirk → **Neukölln** bezogen beschränkt sich der Aufwertungsprozess aber im Wesentlichen auf das Kreuzkölln genannte Gebiet im Norden. Und selbst hier sind umfassende Modernisierungsmaßnahmen – wie sie für den wirklich durchgreifenden Strukturwandel eines Viertels unerlässlich sind – bestenfalls in Ansätzen zu beobachten.

Bislang ziehen Mieter noch deswegen nach Neukölln, weil Wohnen in unserem Bezirk eben tatsächlich weiterhin billig ist und nicht, weil es angesagt wäre, hier eine Adresse zu haben. Aber das kann sich ja noch ändern und deswegen nehmen wir diesen Irrtum nach dem Prinzip Hoffnung an dieser Stelle einmal vorweg.

Mode

In Neukölln trägt man nur
Bomberjacke oder Trainingsanzug

Leser, die den Neuköllner Dresscode tatsächlich so einschätzen, lade ich hiermit zu einem kleinen Spaziergang durch die Bürknerstraße ein. Allein auf den wenigen Metern dieses unscheinbaren Straßenzuges stößt man auf gleich mehrere Modeshops, die sich mit originellen Namen wie »anyonion« und »Formfischer« schmücken.

»Anyonion« hat ein besonders originelles Geschäftsmodell, das 2009 meines Erachtens zu Recht einen der Neuköllner Gründerpreise erhielt. (➜ **Fortschritt**) Es handelt sich nämlich um die einzige industrielle Strickerei in Berlin und Brandenburg. Mit seinem ungewöhnlichen Konzept versucht das kleine Unternehmen, alte Handwerkstraditionen, die inzwischen in der Regel in Billiglohnländer ausgelagert werden, wieder zurück nach Deutschland zu holen. (➜ **Britzer Mühle**)

Dehnt man den Spaziergang auf das Gebiet zwischen Kottbusser Tor und Hermannplatz, Landwehrkanal und Urbanstraße aus, so begegnen einem schnell weitere ausgefallene Klamottenläden mit Namen wie »JR Sewing«, »Kitsch nation« »Icke Berlin«, »Fishbelly«,»ANNTIAN« oder »Magdalena Schaffrin«. Dicht nebeneinander koexistieren in dem Karree Schneidereien, Strickereien und Hutmacher. Der subjektive Eindruck täuscht nicht: Die junge kreative Modeszene zieht es bereits seit einigen Jahren in den Neuköllner Norden. Das ist kein Zufall, denn der Bezirk tut Einiges dafür. Zum Beispiel hat der Neuköllner Verein für Wirtschaft und Zusammenarbeit die ansässigen Modemacher animiert, sich zu einer Einkaufs- und Produktionsgemeinschaft zusammenzuschließen, dem Neuköllner Fashion-Netzwerk. Und das

Jobcenter Neukölln initiierte ein Projekt »Mode und Design«, bei dem Nachwuchstalenten zwölf Monate lang Nähen und Textildesign, aber auch Teamwork und Pünktlichkeit beigebracht wird.

Wenn am Ende einer der Ausbildungsabsolventen glaubt, einen Laden eröffnen zu können, dann kann er oder sie sich an die Neuköllner Zwischennutzungsagentur wenden und auf diesem Weg günstige Gewerberäume mieten. Sowohl Idee als auch Konzept der Zwischennutzungsagentur finde ich ganz großartig. Ihre Existenz, die im Grunde auf der simplen Idee beruht, dass leerstehende Geschäfte die Attraktivität eines gesamten Viertels negativ prägen, hat die insgesamt erfreuliche Entwicklung ehemals problematischer Neuköllner Quartiere ganz entscheidend vorangetrieben. So hat es zumindest der Norden unseres Bezirkes inzwischen geschafft, so etwas Ähnliches wie ein Fashion-Viertel zu werden. Übrigens sollte niemand denken, die so alberne Mode der Tatoos wäre erst von den heutigen Jugendlichen nach Neukölln getragen worden. Die Stadtärztin Käthe Frankenthal (→ **Widerstand**) stellte bereits Mitte der zwanziger Jahre bei Reihenuntersuchungen Neuköllner Arbeiter deren starken Hang zu Tätowierungen fest: »Häufig fand ich Brust und Arme bedeckt mit Herzen, Frauenbildern usw., seltener mit Hammer und Sichel. Immer häufiger fand ich Fälle, die sich der schmerzhaften Prozedur unterzogen hatten, um auf der Brust ein riesiges Hakenkreuz zu tragen.«

Dass aber auch die strahlende Sonne des modegestützten Aufschwungs ihre langen und melancholischen Schatten wirft, hat unser Stadtteil-Häuptling Heinz Buschkowsky in seiner unnachahmlich trockenen Art herausgearbeitet: »Neukölln ist der Bezirk der Modemacher. Hier gibt es 50 Labels, die sich alle selbst ausbeuten.«

Mont Klamott → Dörferblick

Moschee

Die Sehitlik-Moschee ist das
größte Gotteshaus in Berlin

Wer schon einmal den Columbiadamm entlanggefahren ist oder Berlins neueste Attraktion, den am 29. April 2010 auf dem Gelände des ehemaligen Luftbrücke-Flughafens eröffneten Volkspark Tempelhof, besucht hat, der kann diesen wahrhaft imposanten Bau eigentlich gar nicht übersehen haben. Die Sehitlik-Moschee ist nicht nur – mit Ausnahme der Khadija Moschee in Pankow-Heinersdorf – das einzige tatsächlich orientalisch anmutende Gebetshaus Berlins (praktisch alle weiteren der insgesamt circa achtzig Moscheen sind eher bescheidene Hinterhofkammern oder ausgebaute Kellerräume), sondern eindeutig ein Gebäude der Superlative: 1.500 Sitzplätze, ein 365 Quadratmeter großer Gebetsraum, ein 16,5 Meter hoher Innenraum – wer bietet mehr?

Sehitlik heißt übrigens auf Deutsch Friedhof im Sinne von Ehren- oder Heldenfriedhof. Der Name unserer prachtvollen Neuköllner Moschee verdankt sich der Tatsache, dass Kaiser Wilhelm I. seinen osmanischen Verbündeten eine kleine Entschädigung für die aus militärischen Gründen notwendige Wegnahme eines Grundstücks an der Urbanstraße leisten musste. Also ging er hin und bot dem osmanischen Botschafter als Geschenk ein auf dem Tempelhofer Feld gelegenes Stück Land, damit das Osmanische Reich dort einen auf Dauer ausgerichteten → türkischen Friedhof anlegen konnte. Und auf eben diesem kaiserlichen Geschenk, dem Gelände des alten türkischen Friedhofs, wurde 1999 die Moschee erbaut, die streng genommen ein Kulturzentrum mit integriertem Gebetshaus ist.

In Zusammenarbeit mit dem Imam präsentierte die Berliner Polizei im August 2008 die von meinem ehemaligen Vorgesetzten Gary Menzel begründete Anti-Gewalt-Initiative »Stopp Tokat«. (→ **Jugendkriminalität** → **Kriminalität**) Tokat bedeutet so viel wie »Ohrfeige«, im übertragenen Sinne aber auch »Abziehen«. Die Aktion ist ein Zusammenschluss von türkischen Verbänden, Privatpersonen (unter anderem auch meiner Wenigkeit), Unternehmen und der Polizei und begibt sich mit ihren Aufklärungskampagnen dahin, wo man die jugendliche Zielgruppe direkt erreichen kann. Also in kommunale Jugendeinrichtungen, Schulen oder – so wie hier – auch schon mal in eine Moschee. Eine tolle und unterstützenswerte Initiative, wie ich finde. Wer sich näher informieren möchte, kann das auf stopp-tokat.de tun.

Die gesamte wirklich beeindruckende Anlage der Sehitlik-Moschee entspricht dem Vorbild der von dem berühmten Architekten Mimar Sinan geprägten klassischen osmanischen Architektur des 16. und 17. Jahrhunderts, also eines Zeitalters, in dem sich politische Macht und Baukunst des Osmanischen Reiches auf dem absoluten Höhepunkt befanden. Wer sich auch als Nicht-Muslim einmal das Innere des Sakralbaus anschauen möchte und sich außerdem eine gesunde Offenheit und Neugier für andere Religionen bewahrt hat, dem empfehle ich unbedingt, den »Tag der Offenen Moschee«, der seit 1997 bundesweit an jedem 3. Oktober stattfindet.

Aber zurück zur Frage nach dem größten Gotteshaus Berlins. Um es kurz zu machen: Die Sehitlik-Moschee ist es trotz ihrer diversen Superlative nicht. Der von 1894 bis 1905 erbaute Berliner Dom ist, wie man es in einer christlich geprägten Gesellschaft durchaus erwarten darf, größer. Er ist nicht nur eine der fünf größten Kuppelkirchen der Welt, sondern hat auch 150 Sitzplätze mehr als die Sehitlik-Moschee. Platz eins allerdings geht, man höre und staune, an die ein Jahr vor dem Dom eingeweihte und am Prenzlauer Berg gelegene Synagoge Rykestraße. Mit über 2.000 Sitzplätzen gilt sie – neben der großen Synagoge in Budapest – als die größte Europas.

Nicht die Hagia Sophia in Istanbul, sondern die Sehitlik-Moschee am Columbiadamm.

Dass alle drei großen Weltreligionen in Berlin derart beeindruckende Kultstätten unterhalten, zeigt mir einmal mehr, was ich an dieser
Stadt so liebe: die trotz aller Widersprüche, Schwierigkeiten und Probleme gelebte Weltoffenheit und Toleranz.

Multikulti

In Neukölln ist das Projekt
Multikulti gescheitert

Na ja, wie man's nimmt ... Ich werde nie vergessen, wie ich vor einigen Jahren bei einem Trip nach Columbia, der Hauptstadt von South Carolina, USA, von einem riesengroßen schwarzen Cop namens Bobby aus purer Freundlichkeit mit auf Streife genommen wurde. Dieser Nachmittag rückte meine Maßstäbe nachdrücklich zurecht. Als er mit mir durch einen der amerikanischen Slums fuhr, kam mir Neukölln plötzlich wie eine heile Schrebergartenwelt vor. Crack-Mütter an jeder Straßenecke, mit dreckigen Lumpen bekleidete Säuglinge, ganze Straßenzüge voll verfallener Häuser und eingeschlagener Fenster, schmutzige Fassaden und ein sich über all dieses Elend senkender Grauschleier – bei der Fahrt mit Bobby wurde mir zum ersten Mal klar, was der Begriff *Slum* wirklich bedeutet und dass wir in Deutschland bislang zum Glück noch in recht geordneten Verhältnissen leben. Als genauso abartig empfand ich die anschließende Fahrt durch ein von einer Mauer von der restlichen Stadt abgegrenztes Reichen-Ghetto. Eingemauert hatte man uns Berliner ja lange genug – ohne uns zu fragen.

Wer jedenfalls in den USA oder von mir aus auch in Londoner Stadtteilen wie Hackney Central einmal echte soziale Brennpunkte live gesehen hat, der kann sich über Bezeichnungen wie »die Bronx von Berlin« nur scheckig lachen. Bei uns in Neukölln geht es alles in allem doch recht gesittet zu. Und wenn man bei der letzten Fußball-WM gesehen hat, wie in der →Sonnenallee vor dem Laden der libanesischen Familie Bassal bei jedem Deutschlandspiel um die hundert Anwohner aller Nationalitäten unter einer riesigen schwarz-rot-goldenen Flagge einträchtig die deutsche Mannschaft anfeuerten, dann kann man auch schon mal die sanfte Hoffnung hegen, dass in einer besseren Zukunft nur noch auflagengeile Provinz-Medien ihren von wahrer Urbanität ahnungslosen Lesern Schreckensszenarien nicht stattfindender Integration verkaufen können.

Mich jedenfalls lässt der allerorts spürbare Selbstbehauptungswille der Neuköllner hoffen, dass die aktuellen, teils in dem problematischen Zusammenleben von Menschen aus über 160 Nationen begründeten Schwierigkeiten mit neuartigen Lösungsansätzen aus dem Weg geräumt werden können. Ich schreibe das keineswegs nur so daher. Seit 2007 sitze ich beispielsweise in der Jury der »Berliner Tulpe«, eines von der Körber-Stiftung gespendeten und alljährlich verliehenen Preises für deutsch-türkischen Gemeinsinn. Was ich dort, insbesondere auch aus Neukölln, jedes Jahr an ehrenamtlichem Engagement und engagierten Initiativen kennenlerne, die leider wegen mangelnder finanzieller Mittel nicht alle prämiiert und unterstützt werden können, lässt mich die Zukunft nicht allzu schwarz sehen. Man sollte auch nicht übersehen, dass unserem Stadtteil schon 1987 der Europapreis für seine hervorragenden Bemühungen um den europäischen Integrationsgedanken verliehen wurde. Und auch der so fröhliche und gleichzeitig mulitkulturell-integrative Karneval der Kulturen, der am Hermannplatz beginnt, ist – ich möchte fast sagen selbstverständlich – eine Neuköllner Erfindung. Die Idee zu diesem Event, an dem Teilnehmer aus gut achtzig Nationen jedes Jahr an Pfingsten mehrere Hunderttausend Menschen auf die Beine und zum Tanzen und Feiern bringen, entstand Mitte der neunziger Jahre in der an der Wissmannstraße gelegenen »Werkstatt der Kulturen« – dem einzigen Berliner Kulturzentrum, das die ungeheure Vielfalt migrantischer und minoritärer Kultur-, Kunst- und Aktionsformen abbildet und fördert. Seit 2004 gibt es zudem das erfolgreiche Integrationsinstrument »Stadtteilmütter in Neukölln«, das 2008 den Metropolis Award erhielt und inzwischen erfolgreich in das Brunnenviertel im Wedding exportiert wurde. Ebenso international ausgerichtet wie diese Projekte und die Neuköllner Bevölkerung sind auch die diversen Städtepartnerschaften des Bezirks, die – zum Teil schon seit 1955 – mit in Belgien, Frankreich, Holland, England, Israel, Tschechien, Russland und der Türkei gelegenen Gemeinden gepflegt werden.

Ich möchte aber keineswegs alles schön reden. Wer wie ich lange Zeit in Kreuzberg und Neukölln als Polizist auf Streife war, der hat den Glauben an die heile Friede-Freude-Eierkuchen-Multikulti-Gesellschaft nie wirklich entwickeln können. Ich meine, schaut man sich das friedliche Gefeilsche auf dem Markt am Maybachufer (→ **Gemüsehändler** → **Gropiuspassagen**) oder das alltägliche Einkaufsgewusel auf der → **Karl-Marx-Straße** an, dann hat man zumindest als Tourist schon den Eindruck, dass all die zahlreichen Ethnien hier verträglich miteinander harmonieren. Aber gerät man »auf Streife« in eine handgreifliche Auseinandersetzung zwischen deutschen und ausländischen Jugendlichen oder bekommt als »Bulle« eine zünftige Messerstecherei oder bei Verhören die Hasstiraden auf andere Nationalitäten mit, dann wird einem schnell klar, dass unter der scheinbar heilen Oberfläche noch unzählige gegenseitige Ressentiments brodeln und Rassismus keineswegs nur ein deutsches und erst recht kein bewältigtes Problem ist. Toleranz und solidarisches Miteinander ist zuallererst einmal Kopfsache und in zu vielen Köpfen zu vieler Menschen, und leider eben auch zu vieler Jugendlicher, speist sich ein Wir-Gefühl nicht aus dem Stolz auf die eigene Gemeinschaft, sondern aus der Abgrenzung vom verhassten Anderen.

Als inzwischen zweifacher Vater noch nicht schulpflichtiger Kinder mache ich mir wie viele Berliner Eltern insbesondere Sorgen über die Situation an den Schulen. In nicht wenigen Grundschulklassen gibt es inzwischen einen NdH (Nichtdeutschen Herkunft-Anteil) von neunzig Prozent und mehr. Da ist es einerseits vielleicht sogar verständlich, dass deutsche Eltern in die sogenannten »weißen Stadtteile« Berlins ziehen, nach Prenzlauer Berg und Friedrichshain, um ihren Kindern Minderheitenerfahrungen und Ausgrenzungsprobleme zu ersparen. Ich gebe ganz offen zu, dass ich für meine Kinder zu diesem Problem noch keine richtige Lösung gefunden habe. Das Projekt Multikulti ist in Neukölln zwar alles andere als gescheitert. Aber es gibt noch viel, viel zu tun! Packen wir es an!

Museum Neukölln ➜ Architektur

Musik

In Neukölln hört man
nur Gangster-Rap

Selbst manchem Einheimischen ist nicht bekannt, dass Berlins viertes
Opernhaus mitten in → Neukölln steht und sogar stolz und selbstbewusst den Namen des Stadtteils trägt. Es handelt sich um die Neuköllner Oper, gegründet 1976 von dem Komponisten, Dirigenten und
Regisseur Winfried Radeke. Seit 1988 hat das innovative, aber trotzdem
immer publikumsfreundliche Musiktheater einen festen Spielort im
Ballsaal der Passage Neukölln. (→ Architektur → Kultur) Im Laufe der
Jahre brachte das spielfreudige und kreative Haus nicht nur weit über
hundert Eigenproduktionen auf die Bühne, sondern schuf auch erfolgreiche Wettbewerbe wie den seit 1997 jährlich ausgelobten »Berliner
Opernpreis«. 2010 veranstaltete das Haus unter seinem neuen künstlerischen Leiter Bernhard Glocksin außerdem unter dem programmati-
schen Namen »Open Op« erstmals ein europäisches Festival für anderes Musiktheater. Die Neuköllner Oper beweist mit ihrer verdienstvollen
Arbeit tagtäglich, dass zeitgenössisches Musiktheater nicht kompliziert
und erklärungsbedürftig sein muss, sondern durchaus als klassisches
Erzähltheater funktionieren kann. Auf außergewöhnliche Weise werden
dem Publikum hier abseits verkrusteter Opernstrukturen unterhaltsa-
me Geschichten mit aktueller sozialer Relevanz gezeigt. Es soll jetzt
aber bitte keiner denken, dass dieses unorthodoxe Opernhaus ein So-
litär in einer ansonsten im wahrsten Wortsinn eintönigen Neuköllner
Musiklandschaft ist. Ganz im Gegenteil, in unserem Stadtteil geht es
seit jeher – nicht zuletzt dank der sehr umtriebigen Musikschule Neukölln – musikalisch sehr vielfältig zu, weswegen hier leider der Platz

nicht reicht, um alle Initiativen und musikalischen Projekte auch nur anzureißen. Beispielhaft möchte ich aber zumindest eine Unternehmung erwähnen, die mir von Beginn an sehr gefallen hat. Das ist der Jugendclub MANEGE, der direkt gegenüber der berühmt-berüchtigten → Rütli-Schule entstanden ist. Hier gibt es nicht nur ein cooles Tonstudio, in dem Jugendliche eigene Songs und Sounds aufnehmen können, sowie die Möglichkeit, vor Ort Instrumentalunterricht zu nehmen, sondern es existiert auch ein tolles Musikprojekt mit dem spannenden Namen »Vom Krach zum Klang«. Hier lernen Kinder mit Materialien, die sie auf der Straße und auf Schrottplätzen sammeln, wie Töne und Klänge entstehen und wie man diese auch mit praktisch wertlosen Gegenständen erzeugen kann. Nach und nach lernt die Gruppe, immer feinere und abgestimmtere Klänge auszuprobieren, bis der ungewöhnliche Klangkörper am Ende »richtige« Musik erzeugt. Endlich mal ein »Schrottorchester«, bei dem diese Bezeichnung nicht gleich den Wunsch nach schalldichten Ohrstöpseln wach werden lässt.

Ein Artikel über Musik in Neukölln wäre nicht ernst zu nehmen, wenn er nicht auch die 1927 gegründete Volksmusikschule erwähnen würde. Unter günstigen kommunalpolitischen Rahmenbedingungen entstanden, war sie die erste Musikschule, die sich als Verbindungsglied zwischen Schulreform, Arbeiterjugendbewegung und Jugendmusikbewegung begriff. Sie ging offensiv auf die Arbeiterjugend zu und arbeitete mit den allgemeinbildenden Reformschulen zusammen, wodurch die Musikschule eine enorme Bandbreite an Kursen und Projekten entfaltete. Neben dem Instrumentalunterricht gab es als Kern natürlich die Ensembles, aber auch Kurse in Tonsatz, Musiksoziologie und Musikgeschichte, die von Paul Hindemith, dem Schulleiter Ernst Lothar von Knorr, Harald Genzmer und dem stellvertretenden Schulleiter Hans Boettcher gegeben wurden. Neben der Musikschule wurden eine Musikbibliothek und eine Musikberatungsstelle aufgebaut, wo sich zum Beispiel Chöre hinsichtlich einer Repertoire-Veränderung beraten lassen konnten. Hier bestand bei vielen Musikgruppen dringender

Bedarf, weil sie als oft sozialistisch ausgerichtete Vereinigungen keine Lust mehr auf das aus ihrer Sicht altertümliche oder sogar reaktionäre Liedgut vergangener Tage hatten.

Alles in allem realisierte die Neuköllner Musikschule damals ein umfassendes Reformkonzept, das bis heute als vorbildliches Netz kommunaler Kulturarbeit gelten kann. Gezielt hatte man sich auch die Mitarbeit eines solch bedeutenden Komponisten »Neuer Musik« wie Paul Hindemith gesichert. Denn ein ganz besonderer Wunsch der Schulleiter war die Kontaktaufnahme zwischen den musizierenden Amateurensembles und den musiktheoretisch geschulten Vertretern der avantgardistischen Neuen Musik, die den »Riss zwischen Volk und Musik« kitten sollte. Das Problem des Nicht-Verstehens stellte sich nicht nur für die Jugend- und Amateurmusikbewegung; auch die junge ambitionierte Komponistengeneration der zwanziger Jahre war sich des Verlustes einer breiteren gesellschaftlichen Basis für neue Musik deutlich bewusst und suchte nach Möglichkeiten, ihre Ideen volksnäher zu transportieren. Eine Lösung schien in der Hinwendung zur »Gebrauchsmusik« zu liegen, womit zum Beispiel Film- oder Rundfunkmusik, Lehrstücke, neue Chormusik oder auch mechanische Musik gemeint war. Denn die Amateurmusikbewegung sehnte sich ja ihrerseits wie erwähnt nach einem neuen, zeitgemäßen Repertoire.

Namhafte Tonsetzer wie Kurt Weill, Hanns Eisler und eben Paul Hindemith versuchten, die unterschiedlichen Erwartungen der Beteiligten zusammenzuführen. Am Ende waren die ästhetischen Gräben zwischen den in ihrer Kunst weitgehend kompromisslosen Schöpfern Neuer Musik und den eher an tradierten Formen hängenden Vertretern der Jugendmusikbewegung doch zu tief und man konnte sich auf kein gemeinsames Konzept einigen. Die seit jeher innovativen Einflüsse der Volksmusikschule Neukölln reichen bis in die heutige Lehr- und Arbeitspraxis zahlreicher an die Volkshochschulen angedockter Musikschulen hinein, die sich mit einem umfangreichen Angebot für Schüler stark an Neuköllner Schulen engagieren. (➔ **Rütli-Schule**)

Neue Welt

In Neukölln wird das Bier auf dem Sofa
oder in der Eckkneipe getrunken

Glaubt man den Berichten der Berliner Stadtmagazine, die aus Gründen der Selbsterhaltung notgedrungen stets auf der Suche nach stadtinternen Veränderungen sein müssen, dann ist →Neukölln schon längst »the place to be« für jeden wirklich hippen Metropolenbewohner und -besucher. Dieser ständige Wechsel der In-Bezirke, wird ja heute, wie bereits mehrfach angesprochen, gerne mit dem »G«-Unwort aus der Stadtgeographie bezeichnet. (→Gentrifizierung)

Ich aber sage euch: »Don't believe the hype« oder, wie es der Ur-Neuköllner Günter Pfitzmann ausgedrückt hätte: »Ham'ses nich' ne Nummer kleener?« Alle relevanten statistischen Indikatoren beweisen, dass von einer Yuppisierung Neuköllns bislang nicht die Rede sein kann. Der Mietspiegel für unseren Bezirk ist weiterhin konstant niedrig (→Mieten), die Zuzüge aus anderen Bezirken sind immer noch sehr überschaubar und Neukölln weist auch als angeblich so angesagter Szeneort weiterhin das zweitniedrigste Pro-Kopf-Einkommen aller Berliner Bezirke auf.

Aber obgleich wir bis auf Weiteres nicht als In-Viertel werden dienen können, kann kein Sehender bestreiten, dass die Zahl an Szeneläden, schicken Bars und trendigen Cafés zumindest im nördlichen Neukölln kontinuierlich wächst. (→Kultur) Und schon eine kleine abendliche Stippvisite zeigt, dass diese Treffpunkte alle gut bis sehr gut frequentiert sind. Womit im Umkehrschluss bewiesen wäre, dass Neuköllner ihr Bier selbstverständlich nicht nur auf dem Sofa oder in der Eckkneipe trinken.

Das war in den guten alten Zeiten der guten alten Zeiten nicht anders. Denn Szenecafés hin oder her: Die legendärste Gaststätte Neuköllns war, ist und bleibt die »Neue Welt«, deren ehemaliger Standort 2001 zu einem »Einkaufs-, Freizeit- und Erholungscenter« mit über 27.000 Quadratmeter Gewerbemietfläche umgewandelt wurde. Wenn das gesichtslose Etwas, das wir heute am östlichen Rand der → Hasenheide stehen sehen, sich großspurig als Freizeitcenter bezeichnet, dann war die historische »Neue Welt« eine Kombination aus Las Vegas und den sieben Weltwundern. Als das Etablissement 1865 den Betrieb aufnahm, bot es im Außenbereich das größte Gartenlokal Berlins und innen in den angrenzenden Festsälen eine schon kurz nach der Eröffnung äußerst beliebte Versammlungsstätte, in der unter anderem August Bebel 1890 seine historische Rede zum Sozialismus hielt. Noch bis zur Machtübernahme Hitlers trafen sich, eventuell wegen des verheißungsvollen und gesellschaftlichen Wandel versprechenden Namens, vor allem KPD und SPD hier gerne zu ihren Parteiversammlungen.

Aber auch kulturell wurde in der »Neuen Welt« von Beginn an schwer was geboten. So erklang in den hohen Hallen erstmals Neuköllns inoffizielle → Hymne »In Rixdorf ist Musike« und als Beigabe zum Bier servierte man zeitweise eine schon auf dem Papier höchst viel versprechend klingende Feuerinszenierung, in der die historischen preußischen Schlachten von Waterloo und Leipzig nachgestellt wurden. Eine Feuerinszenierung kriegerischer Auseinandersetzungen stelle ich mir mit meiner beschränkten Vorstellungsgabe a) für die Zuschauer ziemlich schweißtreibend und b) für das Gebäude ziemlich gefährlich vor.

Da aber die Aufführung lange im Programm blieb und die Hallen nicht jeden Tag wieder neu aufgebaut wurden, traf wohl beides nicht wirklich zu.

Neben solchen aufwändigen Schauspektakeln bot man den vergnügungssüchtigen Massen ansonsten vorwiegend einfach gestrick-

Dass Neuköllner ihr Sofa zum Biertrinken sehr wohl verlassen, zeigt auch diese Geste selbstloser Nächstenliebe.

te Amateurkunst. Beliebt waren zum Beispiel das Ulk-Trio, dessen Mitglieder hauptberuflich als Buchdrucker arbeiteten, oder der stiernackige Metallarbeiter Alex Riffa, der sich mit einem zehnpfündigen Hammer einen Felsstein auf dem Kopf zerschlagen ließ und der, wäre man damals in dieser Hinsicht schon so geschäftstüchtig gewesen wie heute, sicher ohne Mühe einen lukrativen Sponsorenvertrag mit »Aspirin« hätte an Land ziehen können.

Die von den Eigentümern beabsichtigte Nähe der »Neuen Welt« zur Volkskultur und – durch die regelmäßig stattfindenden Parteiversammlungen – auch zur Gewerkschafts- und Arbeiterbewegung, führte dazu, dass sich in dem Neuköllner Veranstaltungshaus nach und nach eine nicht zu übersehende proletarische Gegenkultur manifestierte. Ein recht lebendiges Bild der Stimmung und Zustände bei dortigen Veranstaltungen zeichnet folgender bereits 1914 von der amtlichen Schulverwaltung (!) erstellter miesepetriger Bericht: »Zum Theater gehört auch ein diszipliniertes Publikum, welches rechtzeitig die Plätze einnimmt, sich nicht allzu laut unterhält oder gar von Platz zu Platz Besuche abstattet, ohne Rücksicht auf die Darsteller. Die Ungeduld beim Scenewechsel darf sich nicht in Händeklatschen und Füßetrampeln Luft machen; Heiterkeitsausbrüche bei ergreifenden Scenen zeugen von wenig Kunstverständnis, alles Unarten, die bei dem Neuköllner Publikum sehr oft vorkamen. Manchmal brachten die Vereinsmitglieder ohne Rücksicht auf den Charakter des Stückes schulpflichtige Kinder mit, die dann uninteressiert waren und sich anderweitig zu amüsieren suchten. Es darf auch nicht ungesagt bleiben, dass bei offener Scene Butterbrote ausgewickelt und verzehrt wurden. Das Publikum wähnte sich nicht in einem Theater, sondern in einem Tanzsaal, der für die Vorstellung einigermaßen hergerichtet war. Die Benutzung der unter dem Theaterraum liegenden Kegelbahn war auch sehr störend.«

Die Novemberrevolution 1918 motivierte dann aber auch fortschrittlich denkende, professionelle Künstler, ihre qualitativ hochwertige Kunst direkt zu den Massen zu bringen. So gastierte das Staatliche Schauspielhaus unter Leopold Jessner ab 1920 ein- bis zweimal monatlich in dem Haus an der Hasenheide. Für spottbillige 2,50 Reichsmark Eintritt bot man dem Neuköllner Arbeiterpublikum aufwändige Inszenierungen der dramatischen Klassiker. Auch Ernst Busch und Hanns Eisler traten mit unterschiedlichen Musik- und Liederprogrammen auf.

Die eigentliche Attraktion der »Neuen Welt« und das, was richtig Geld in die Kasse spülte, waren aber die Volksbelustigungen auf dem Gelände drumherum. So gab es neben einer Indischen Halle eine große Teichanlage, ein Hippodrom, eine Freiluftmanege, eine Wasser-Rutschbahn, ein Marionetten-Theater, eine Wellenbahn und als größte Sensation des Vergnügungsparks eine eigene elektrische Eisenbahn.

Bis in die Zeit des Nationalsozialismus hinein gelang es der »Neuen Welt«, ihre Position als wichtiger Fixpunkt im Berliner Politik- und Kulturleben zu bewahren. Im Krieg nur mäßig zerstört, versuchten die Betreiber gleich 1945 an die alten Traditionen anzuknüpfen. Deutsche Politik aber wurde in der Nachkriegszeit in Bonn und Ost-Berlin ge-

Ob Huxley sich seine schöne neue Welt wohl so vorgestellt hätte?

macht – und nicht mehr an der Hasenheide, was das Versammlungs-geschäft praktisch zum Erliegen brachte. Der Vergnügungsbetrieb dagegen funktionierte in den fünfziger Jahren genauso gewinnbrin-gend wie zuvor. Unter dem einfachen Motto »Das ganze Jahr immer etwas für jeden Geschmack« wurde wieder Jubel, Trubel, Heiterkeit geboten – mit allem, was schon zur Jahrhundertwende dazugehörte: Bockbier, Saalrutschbahn, Luftballonschlachten, Bayernkapelle und Alpenglühen.

Das alles änderte sich, als der Rock'n'Roll seinen weltweiten Sie-geszug antrat. Alpenglühen und Bierzeltatmosphäre wirkten plötzlich nicht mehr amüsant, sondern höchst piefig und verstaubt, und wer die Möglichkeit hatte, vergnügte sich seit Neuestem eh lieber zu Hause vor dem Fernseher. Das war auf Dauer billiger und vor allem weni-ger anstrengend. Und obwohl sich in den altehrwürdigen Hallen 1978 der Vorläufer der heute so populären »Grünen«, die Alternative Lis-te, gründete, kam es zu keiner Renaissance der politischen Tradition.

Das endgültige Aus im Januar 1982 kam daher für niemanden überraschend. Der Pleite folgte der Leerstand, bei dem zu allem Unglück eine Brandstiftung die komplette Inneneinrichtung verwüstete. Die Eigentümerin, die Städtische Wohnungsbaugesellschaft »Stadt und Land« hätte das keinen Gewinn mehr versprechende Veranstaltungszentrum trotz seines weit über die Stadtgrenzen hinaus reichenden Rufs am liebsten abgerissen und durch Wohnhäuser ersetzt, konnte sich damit allerdings gegen die Phalanx nostalgisch gestimmter Bürger und von ihnen beeinflusster Politiker nicht durchsetzen. Es folgten diverse Zwischennutzungen, beispielsweise als Roller-Skate- oder Musikhalle, bis dann 2001 der besagte Umbau in das heutige Einkaufszentrum erfolgte. In dem unter Denkmalschutz stehenden ehemaligen Versammlungssaal, der heute den Namen »Huxley's Neue Welt« trägt, finden wieder regelmäßige Konzerte statt. Der von verschiedenen Seiten an die Centermanager herangetragene Wunsch, bei der Neugestaltung des Geländes das historische Erscheinungsbild wiederherzustellen, stieß auf taube Ohren. Immerhin nahmen die Projektentwickler zumindest an einigen wenigen Punkten Rücksicht auf die nostalgischen Gefühle alteingesessener Berliner. So wurden der jetzt am Eingang zu sehende gusseiserne Zaun samt Torbogen sowie der direkt neben dem Haupteingang stehende Pavillon dem ursprünglichen Bau originalgetreu nachempfunden.

Neukölln

Neukölln ist Neukölln ist Neukölln und feierte am 26. Juri 2010 sein 650-jähriges Bestehen, gerechnet seit der Anfertigung der Dorfgründungsurkunde für den zu jener Zeit den Johannitern gehörenden Hof Richardsdorp. Der heute unter dem Namen Neukölln bekannte Berliner Verwaltungsbezirk ist inzwischen auch schon knapp über neunzig Jahre alt und entstand 1920 durch die Zusammenlegung der Stadt Neukölln – dem ehemaligen → Rixdorf – mit den Dörfern Britz, Rudow und Buckow.

Das 1903 von Kaiser Wilhelm II. genehmigte Stadtwappen von Rixdorf erinnert an wesentliche Stationen der 650-jährigen Geschichte und ist bis heute für den Bezirk Neukölln gültig. Es handelt sich um ein dreifach geteiltes Schild: Links der Hussitenkelch in weiß auf schwarz, der an die Einwanderung der Böhmen 1737 erinnert, rechts daneben der rote Adler auf weißem Feld, der auf die Zugehörigkeit der Stadt zur Provinz Brandenburg und zugleich auf die einstige Verbindung mit Alt-Cölln an der Spree anspielt, das den Adler seit seiner Gründung im Siegel hatte. Unter Kelch und Adler befindet sich das Johanniter-Kreuz auf rotem Grund, um die Erinnerung an die Errichtung Richardsdorps durch den Ritterorden wachzuhalten.

Zum Zeitpunkt der Zusammenlegung hatte Neukölln 262.128 Einwohner, Britz 13.477, Buckow 2.395 und Rudow gerade einmal 1.447 Bürger, so dass der neue Bezirk auf einer Fläche von 4.879 Hektar insgesamt 279.447 Menschen beheimatete – umgerechnet also 57,3 Bewohner pro Hektar. Heute ist der Bezirk Neukölln mit rund 300.000

Das Neuköllner Wappen

Bewohnern der bevölkerungsreichste der gesamten Bundeshauptstadt und ist deswegen auch nach der 2001 in Berlin durchgeführten Gebietsreform ein Solobezirk geblieben. An dieser Stelle möchte ich kurz ein paar Worte zu dem Gesamt-Berliner Phänomen der zahlreichen Hinterhäuser einschieben. Diese für unsere Stadt so typische Art der Bebauung hat mit der ungeheuren Wohnungsnot zu tun, die Berlin im 19. und Anfang des 20. Jahrhunderts plagte. Um all die Bedürftigen unterzubringen, wurden auf freiem Feld möglichst billig Häuser für die Massen gebaut, die man im damals gern benutzten militärischen Jargon »Mietskasernen« taufte. Damit nicht gleichzeitig jede Menge zusätzliche Gelder verschlingende Straßen angelegt werden mussten, sah beispielsweise der städtische Bebauungsplan von 1862 große Grundstückstiefen und viele Hinterhäuser vor. Vorgeschrieben war nur, dass die dazugehörenden Höfe eine Mindestgröße von 28 Quadratmetern aufwiesen, damit die damals gebräuchlichen Feuerwehrspritzen im Brandfall auch darin wenden konnten.

Die drei ehemaligen Dörfer Britz, Buckow und Rudow haben sich seit der Zusammenlegung zu respektablen Kleinstädten mit je circa 40.000 Bürgern gemausert, wobei interessant ist, dass sowohl Britz als auch Rudow trotz der immer noch vergleichsweise geringen Einwoh-

nerzahl eine größere Flächenausdehnung haben als Nord-Neukölln. Aus dieser spärlichen Bevölkerungsdichte erklärt sich, dass jeder Hektar Neuköllner Bodens im Schnitt von vergleichsweise moderaten 68 Bewohnern bevölkert wird – eine Zahl, die zwar über dem Berliner Durchschnitt liegt, aber trotzdem nur halb so groß ist wie in Friedrichs-hain-Kreuzberg: Dort fristen auf einem Gebiet derselben Größe sage und schreibe 128 Menschen ihr beengtes Großstadt-Dasein. Neukölln wäre aber nicht Neukölln, könnten wir unsere ungeliebten Kieznach-barn nicht auch in dieser Disziplin mit einer rekordverdächtigen Quote toppen: Also hergehört, Kreuzhainer, in unserem Reuterkiez tummeln sich auf einem Hektar stattliche 264 Einwohner, was euren Schnitt von 128 ganz schön alt aussehen lässt.

Der Gesamtbezirk Neukölln hat eine Verkehrsfläche von 632 Hek-tar mit in toto 715 Straßen und Plätzen, deren wichtigste und bekann-teste die Hermannstraße, die →Sonnenallee und die →Karl-Marx-Straße sind. Die 1880 angelegte Sonnenallee ist etwa fünf Kilometer lang und lappt über Neukölln hinaus nach Treptow hinein. Das hatte zur Folge, dass sie beim Bau der Mauer durch einen Grenzübergang geteilt wurde, dem Leander Haußmann in seinem →Film »Sonnen-allee« ein ironisches Denkmal setzte. Die Karl-Marx-Straße fällt vor allem durch ihre zahlreichen kleinen Läden auf und es verwundert daher nicht, dass sie nach Gewerbeflächen gerechnet die drittgrößte Einkaufsstraße Berlins ist. (→ **Gropiuspassagen**) Diese beiden Hauptachsen des Bezirks laufen, aus dem südlichen Neukölln kommend, am Grenzpunkt zu Kreuzberg, dem Hermannplatz zusammen, dessen Neuköllner Teil Mobiltelefonläden, teils etwas dubiosen Kreditinstituten, einer Apotheke, einem Bestattungsinstitut sowie einem amerikanischen Fastfood-Restaurant Quartier gibt. Ebenfalls vom Hermannplatz zweigt gen Süden die dritte große Neuköllner Verkehrsachse ab, die 1900 eröffnete Hermannstraße. Ist die Sonnenallee heute arabisch und die Karl-Marx-Straße stark türkisch geprägt, so ist die Hermannstraße mit ihren noch aus den fünfziger Jahren übrig gebliebenen Eckkneipen und den quadratisch-praktischen Verwaltungsgebäuden sozusagen deren deutsch gebliebenes Pendant.

Neben den drei großen Straßen hat Neukölln zusätzlich einige interessante Plätze. Außer dem bereits erwähnten Hermannplatz ist insbesondere der Böhmische Platz zu nennen, sowie der Richard- und der Reuterplatz. Letzterer ist das Zentrum des aktuell überall gepriesenen Reuterkiezes, dem Kristallisationspunkt der in Neukölln angeblich so wacker voranschreitenden → **Gentrifizierung**. Auf diesem Areal, das dem plattdeutschen Schriftsteller Fritz Reuter gewidmet ist, findet man nicht nur einen – o heiliger Einfallsreichtum! – ebenfalls den Namen Fritz Reuters tragenden Brunnen, sondern auch zahlreiche denkmalgeschützte Mietshäuser. (→ **Architektur**)

Wie bei einer Zusammenlegung von städtischen und dörflichen Gebieten nicht anders zu erwarten, zeigt der Bezirk auch heute noch eine stark divergierende bauliche Struktur. Im Norden innerstädtisch hoch verdichtet, im Süden dagegen vorstädtisch aufgelockert, wenn nicht gar ländlich. Der zwischen Ringbahn und Hermannplatz liegende Ortsteil Neukölln (auch Nord-Neukölln, Neukölln 44 (→ **Fourtyfour**), Kreuzkölln oder entweder von Kreuzberger Chauvis beziehungsweise völlig heimatlosen Neuköllner Gesellen Kreuzberg-Süd genannt) ist überwiegend vom Altbaubestand der Gründerzeit geprägt, der aus typischen Berliner Mietskasernen mit begrünten Hinterhöfen besteht. Südlich der Ringbahn dominieren Einfamilienhausgebiete, vorstädtischer Siedlungsbau und einst sozial motivierte Großsiedlungen mit vielen Hochhäusern. (➔ Aufstieg ➔ Gropiusstadt ➔ Hufeisensiedlung) Eingebettet in diese sehr uneinheitliche Bezirksstruktur ist aber auch viel alte Bausubstanz, unter anderem zwei Mühlen (➔ Britzer Mühle), vier Dorfkirchen – darunter in Buckow die älteste Feldsteinkirche Berlins –, die Schmiede am Richardplatz, das Böhmische Dorf sowie das Britzer Schloss inklusive Gutshof.

Nicht minder unterschiedlich als die Baustruktur ist die soziale Realität des Bezirks. Das in den Medien gern propagierte Negativimage bezieht sich genauso wie die meist übertriebenen Hymnen auf einen neu entstehenden In-Bezirk regelmäßig auf Nord-Neukölln, während die anderen Ortsteile eher unauffällige und ruhige, oft kleinbürgerlich geprägte Wohnviertel sind. Fakt ist aber, dass neun der zurzeit vierunddreißig vom Berliner Senat ausgewiesenen »Gebiete mit besonderem Entwicklungsbedarf« im Bezirk Neukölln liegen. Es handelt sich dabei um den Reuterplatz, die Rollbergsiedlung, die High-Deck-Siedlung, die Schillerpromenade, den Richardplatz Süd, Gropiusstadt/Lipschitzallee, die Flughafenstraße, die Weiße Siedlung und das Gebiet um den Körnerpark. Hier wurde jeweils ein Quartiersmanagement zur integrativen Entwicklung des Wohnumfeldes eingerichtet.

Die für dieses Buch notwendige Beschäftigung mit der Vergangenheit Neuköllns hat mir gezeigt, dass die Geschichte nicht gerade sanft mit meiner Heimat umgegangen ist. So war der Ort Mitte des 17. Jahrhunderts praktisch am Ende. Die Gräuel des Dreißigjährigen Krieges hatten ihn entvölkert und mehr oder weniger dem Erdboden gleich gemacht.

Rixdorf hätte damit als völlig unbedeutende Randnotiz im Buch der Geschichte abgehakt werden können. Aber die unübersehbar widerstandsfähige und bis zum Äußersten belastbare Bevölkerung hat sich

auch von diesem Beinah-Knockout wieder erholt, und mit der Ansiedlung der böhmischen Glaubensflüchtlinge gewann Rixdorf ab 1737 als Vorort Berlins eine stetig wachsende Bedeutung, bis dann die Industrialisierung eine wahre Bevölkerungsexplosion auslöste.

Geld war im Bezirk wie auch bei den Bürgern in fast allen Phasen der wechselhaften Geschichte vor allem eines: knapp. Besonders in den 1920er Jahren schlug sich dieses Mangelgefühl auch in sozialen Unruhen nieder. Es war für die Bewohner heruntergekommener und unvorstellbar kleiner Mietwohnungen nicht nachvollziehbar, wie die Regierung für die Altersversorgung des nach Holland geflohenen Ex-Kaisers jährlich 600.000 Mark ausgeben konnte und auch den Fürsten Entsprechendes zubilligte, während der Staat selbst für die notwendigsten ihrer Bedürfnisse oftmals kein Geld in die Hand nahm. Aber obwohl in Neukölln 1926 binnen weniger Stunden (!) 30.000 Unterschriften für das von KPD und SPD initiierte Volksbegehren einer entschädigungslosen Enteignung der Fürsten gesammelt werden konnten, änderte sich an den sozialen Ungerechtigkeiten nichts und der ins holländische Schloss Doorn geflohene Ex-Kaiser blieb sowohl ein Subventionsfall als auch der reichste Mann Deutschlands. Ironischerweise kam das aus bester Handarbeit gefertigte Schlafzimmer, in dem der verhasste Exil-Monarch seine Nächte verbrachte, ausgerechnet aus Neukölln. Wilhelm II. hatte es bei einem dort ansässigen Fachmann für Holzbildhauerei in Auftrag gegeben – Barockstil in Elfenbein und Schleiflack mit einem Ölgemälde nach französischem Motiv.

Meine Prognose für Neukölln bleibt jedenfalls positiv und zuversichtlich. Allein schon der Blick auf die durchschnittlichen 1,44 Kinder pro Frau – das ist der höchste Wert aller Berliner Bezirke (vergessen Sie den Pregnancy Hill genannten Prenzlauer Berg), der auch weit über dem gesamtdeutschen Durchschnitt liegt – zeigt, dass wir ein Bezirk mit großer Zukunft sind. Neukölln bleibt also Neukölln bleibt also Neukölln und wird meiner festen Überzeugung nach weiterhin ein spannendes und schöpferisches Experimentierfeld gesellschaftlich organisierter Formen des menschlichen Zusammenlebens sein.

Beschließen möchte ich diese kleine Eloge auf meinen Geburtsort mit einem Tipp, wie Sie die Reize dieser so spannenden und abwechslungsreichen Gegend mit Hilfe ausgesuchter Genüsse auf angenehmste Weise erkunden können. Probieren Sie zunächst die zigfach prämiierte beste Blutwurst der Welt in der Blutwurstmanufaktur am Karl-Marx-Platz. Wandern Sie weiter nach Britz und trinken einen Berliner Wein, den der Moldawier Viktor Sucksdorf dort anbaut. Zurück in der Weserstraße schauen Sie sich in der Galerie »Su de Coucou« ein paar Schneckenskulpturen an, trinken in dem Schwulenclub »Silver Future« ein Bier und kippen in der russischen Bar »Kuschlowski« ein paar Wodka oben drauf. In vielen der genannten Läden befanden sich früher Bordelle – die fortschreitende Entwicklung Neuköllns hat sie zu Orten gemacht, die man auch in New Yorks Lower East Side finden könnte. Guter Trend, mir ist um meinen Kiez nicht bange!

Neukölln TV

Neuköllner gucken nur RTL II

Wieder eines dieser vielen dummen Vorurteile über unseren liebenswerten und vor allem kreativen Bezirk. (➜ **Kultur**) Der durchschnittliche Neuköllner nutzt nicht nur wie jeder andere durchschnittliche TV-Zuschauer in der Regel das gesamte Programmspektrum »des besten Fernsehens der Welt« (eine beliebte Selbsteinschätzung deutscher TV-Macher, die der gebeutelte Konsument mangels Zugriff auf die komplette internationale Fernsehlandschaft in der Regel nicht widerlegen kann), sondern hat sogar einen eigenen Internet-Fernsehsender. Neukoelln-tv.de zeigt Tag für Tag Neues aus dem Kiez: Licht und Schatten – Buntes und Graues. Das Spektrum geht ohne falsche Berührungsängste von hochpolitisch bis banal, von prollig bis hoch kulturell. So hat Neukölln.TV als Medienpartner des Kulturfestivals »➜ 48 Stunden Neukölln« schon zahlreiche Veranstaltungen für interessierte, aber den dicken Hintern nicht hoch bekommende Couchpotatoes live gestreamt.

Neben den zahlreichen mal mehr, mal weniger spannenden Berichten über Kiez-Mitbewohner hat Neukölln.TV inzwischen als soziokulturelles Projekt mit Langzeitperspektive unter dem Namen »Kanal 44« ein Medien-Experimentierfeld für Jugendliche aufgebaut. (➜ **Fourtyfour**) Hier können sich interessierte Teens und Früh-Twens Ausdruck verschaffen und erwerben gleichzeitig Kenntnisse zu Themen wie Interviewführung, Kameraführung, Medientechnik und digitalen Videoschnitt, die es ihnen in einer späteren beruflichen Zukunft hoffentlich ermöglichen, Besseres als das sprichwörtliche »irgendwas mit Medien« zu machen. Initiator und Betreiber des Bezirk-Web-TV-Senders ist der gemeinnützige Berliner Kulturverein Traumpfad e.V. Dessen erster Vorsitzender Norbert Kleemann war von 2000 bis 2004 Geschäftsführer der Safran Film GmbH und produzierte in dieser Zeit unter anderem die Internet-Krimi-Soap »→ Borscht«.

Neuköllner Oper → Architektur → Kultur → Musik

Neuköllnisch Wasser

Das Wasser aus dem Neuköllner Schifffahrtskanal wird zur Herstellung des berühmten Echt Kölnisch Wassers verwendet

O weh, hoffentlich bekommt keiner meiner Kölner Freunde mit, dass in meinem Buch eine derart abwegige Hypothese zur Diskussion gestellt wird. Dann bräuchte ich mich am Rhein definitiv nicht mehr blicken zu lassen, denn diese Behauptung ist natürlich vollkommener Blödsinn.

4711, also das Echt Kölnisch Wasser, wie die Marke eindringlich betont, ist nämlich mindestens so typisch Kölsch wie Karneval, Willy Millowitsch und die Bläck Föss zusammen. Und gleichzeitig eine dauerhafte Erfolgsgeschichte.

In Gang kam die Geschichte angeblich, als der junge Kaufmann Wilhelm Mühlens im Jahr 1792 heiratete und dabei ein eher ungewöhnliches Geschenk bekam. Es handelte sich um eine Geheimrezeptur für ein »aqua mirabilis«, ein Wunderwasser, das beim Benutzer unverzüglich eine Steigerung des allgemeinen Wohlbefindens herbeiführen sollte.

Nun war der junge Herr Mühlens offenbar eine echte rheinische Frohnatur und vertraute ohne Wenn und Aber dem Dreisatz des »Kölner Naturgesetzes«: »Et is wie et is. Et kütt wie et kütt. Und et is noch immer jut jejangen.« Anders ist kaum zu erklären, dass er nicht nur an die Wirkung, sondern auch an den kommerziellen Erfolg der Essenz glaubte und stante pede eine kleine Manufaktur zur Produktion und Vermarktung des Wässerchens gründete. Wie aber in Köln jeder – außer vielleicht der 1. FC, bei dem grundsätzlich alles schief geht – weiß, ist das »Kölner Naturgesetz« so eine Art self-fulfilling prophecy.

Es ist wie es ist: Herr Mühlens bekam das Rezept, verschuldete sich und gründete eine Firma zur Herstellung und Vermarktung eines Wunderwassers.

Es kommt, wie es kommt: Die damals in Köln regierenden französischen Besatzer, offenbar genervt von dem für sie undurchschaubaren Durcheinander der Kölner Straßennamen, beschlossen, dem Chaos ein Ende zu machen und alle in der Stadt existierenden Häuser einfach durchzunummerieren. Das Wohnhaus von Wilhelm Mühlers erhielt bei dieser Aktion die Nummer 4711. Eine neue Weltmarke war geboren!

Es ist noch immer gut gegangen: Seit über zweihundert Jahren ist 4711 ein weltweiter Exportschlager. So diese herrliche Geschichte, die jedem echten Herzenskölner ein sentimentales Tränchen der Rührung ins Auge treibt.

Neuköllner sind da anders. Spätestens seit den unzähligen an den Haaren herbeigezogenen Lügengeschichten, die ich als Polizeibeamter zu Protokoll nehmen musste, lautet mein Grundsatz: Traue keiner Story, die du nicht selbst erfunden hast! Die Mär von dem jungen armen Kaufmann, dem ein unbekannter Gönner ein Geheimrezept vermacht, das ihm schlagartig die Türen zu Ruhm und Reichtum öffnet, klang für mich schon beim ersten Lesen viel zu schön, um wahr zu sein. Und siehe da, tatsächlich: Schon erste oberflächliche Recherchen zeigen, dass der Wahrheitsgehalt dieser Räuberpistole noch geringer ist als die Zahl der männlichen Nutzer von »4711«. Anders gesagt: Die Konzentration an Wahrheit liegt hier deutlich unter der Nachweisgrenze. In Wirklichkeit wurde das Kölnisch Wasser, weltweit unter dem inzwischen markenrechtlich geschützten Begriff »Eau de Cologne« bekannt, von dem in Italien geborenen und später nach Köln ausgewanderten Giovanni Maria Farina erfunden und 1709 auf den Markt gebracht. Farina besaß wohl – wie das Duftgenie Grenouille in Patrick Süßkinds Bestseller »Das Parfüm« – den absoluten Geruchssinn. Sein aus Bergamotte, Limette, Pampelmuse und Orange komponierter Jahrhundertduft roch völlig anders als das heute bekannte Weihnachtsgeschenk für ungeliebte Tanten. Anders lässt sich auch kaum erklären, weshalb das Produkt ungezählte Nachahmer auf den Plan rief, von denen der geschäftstüchtigste und erfolgreichste eben Wilhelm Mühlens mit seinem »4711« war. Während aber das »Eau de Cologne« auch heute noch im Besitz der Familie Farina ist und als Hochpreisparfüm in die ganze Welt verkauft wird, wurde die Nachahmermarke »4711« in den letzten Jahren mehrfach weiter veräußert und wird vom aktuellen Eigentümer als Niedrigpreisprodukt in Drogeriemärkten verscherbelt. Vielleicht gibt es ja auf dieser Welt doch eine Gerechtigkeit?

Aber nun endlich zum Neuköllnisch Wasser. Um seine Entstehungsgeschichte zu verstehen, müssen wir in das Jahr 2006 zurückblenden. Eine aus den vier Berliner Künstlern Jens Hanke, Gunnar Hermann, Ulrike Dornis und Martin Steffens bestehende Kreativschmiede mit dem hübsch kryptischen Namen »Jägudost« verfiel auf die Idee, den »→48 Stunden Neukölln« als ganz besonderes Kunstprojekt ein eigenes Kultgetränk zu spendieren. Nach in langen Nächten durchgeführten, sehr aufwändigen und am nächsten Morgen mit teils mörderischen Kopfschmerzen bezahlten Selbstversuchen hatten sie nach einiger Zeit eine grünliche Mischung aus Anis, Apfel, Zitrone, Limette, Zucker und knalligen dreißig Prozent Alkohol beieinander.

Diese auf den ersten Blick ungewöhnlich klingende Zusammensetzung erklären die Erfinder so: »Der Apfelgeschmack erinnert an die bäuerlichen Traditionen im früheren →Rixdorf, Anis steht dagegen für die türkischen Einwanderer.« Tradition und Migration in einem Getränk vereint – ein echter →Multikulti-Cocktail also. Was könnte zu →Neukölln besser passen?

Natürlich führt kein Weg daran vorbei, dieses wahrhaft kunstvolle Getränk zu probieren – insbesondere, da ein Teil des Erlöses von den Erfindern auch noch in die Künstlerförderung gesteckt wird. Es handelt sich also um einen der zwar seltenen, aber darum umso begrüßenswerteren Fälle, bei denen die Kunst die Künstler alimentiert und nicht umgekehrt.

Die Antwort auf die Frage, was das Neuköllnisch Wasser mit dem Echt Kölnisch Wasser 4711 zu tun hat, ist schnell gegeben: natürlich gar nichts. Außer, dass die Erfinder des Neuköllner Wassers mit dem kleinen Wortspiel natürlich von der Popularität des Kölner Produkts profitieren wollen und damit sozusagen direkt in die Fußstapfen des seligen Herrn Mühlens treten.

Genießen lässt sich das gar wundersame Gebräu in diesen Neuköllner Gastroschenken, falls Sie mutig sind ...

Brauhaus Rixdorf	Laika
Café Jacques	Lange Nacht
Café am Körnerpark	Musenstube
Café Linus	Nansen
Café Rix	Syndikat
Freies Neukölln	Villa Rixdorf
Kaffeehaus Selig	WerkStadt – Kulturverein Berlin e.V.
Kunstraum t27	

Pflanzen

In Neukölln wächst nichts außer Hanf

Ich glaube, in freier Wildbahn ist mir Hanf noch gar nicht begegnet. Während meines Polizeidienstes spürten wir allerdings eines Nachmittags, eher zufällig, einen eifrigen Eigenbedarfsbauern auf (Typ Erdkunde-Student auf Lehramt), der sein Wohnzimmer mit viel Aufwand und Akribie zum Hanf-Gewächshaus umgebaut hatte. Das volle Programm, inklusive UV-Licht und professioneller Bewässerungsanlage. Und was soll ich sagen: Im selben Zimmer hatte der Gesinnungsrasta auch seinen Fernseher samt einer äußerst rustikalen Sitzecke stehen. Wie hatte man sich wohl seine Freizeitgestaltung vorzustellen? Erst mit der Machete kurz die euphorisierende Himmelsgabe ernten und dann mit der dicken Tüte auf die Couch lümmeln und völlig bedröhnt »Die große Hitparade der Volksmusik« mitgrölen? (→ **Neue Welt**) Das exorbitante illegale Gartencenter dieses leidenschaftlichen Hobbygärtners wäre vermutlich nie aktenkundig geworden, wenn nicht die Katze seines besinnungslos bezechten schwulen Nachbarn, womöglich nach ein paar feuchtfröhlichen Stunden mit ihrem Besitzer und einer anschließenden Wasserpfeife beim Öko-Kiffer ebenfalls völlig bedröhnt, auf einen Baum im Hinterhof geklettert wäre, von dem sie nicht mehr runterkam. Dem zwecks Muschirettung auf den Baum gekletterten Kollegen jedenfalls kam der Blick in das Dschungel-Wohnzimmer mit seinem intensiven violetten Licht und vor allem das penetrante »tssss tssss tssss«-Geräusch der Sprinkleranlage seltsam vor. Pech gehabt, Buffalo Soldier ... Abgesehen von diesem Erlebnis, hatte ich mit Hanf bestenfalls noch bei unseren routinemäßigen → **Hasenheide**-Razzien

Herzlich Willkommen in hoffnungsfrohen Neuköllner Kleingarten-Kolonien

Freie Stunde
Freiheit
Sommerfreude
Stadtbär
Steinreich
Stolz von Rixdorf
Südpol
Treue Seele
Zufriedenheit

zu tun. Und da begegnete ich der Pflanze ja nur in ihrer bereits verarbeiteten Form.

Wem in Neukölln der Sinn weniger nach einer Tüten- als nach einer kräftigen Naturdröhnung steht, dem lege ich einen Besuch im Britzer Garten ans Herz. Britz ist ja selbst für viele Berliner die große Unbekannte, sozusagen terra incognita. Aber seit der Bundesgartenschau 1985 kommen zumindest Gartenliebhaber regelmäßig hierher und genießen das neue Kleinod: den auf einer großzügigen Fläche von neunzig Hektar angelegten Landschaftsgarten. Hier wachsen und gedeihen dicht an dicht Narzissen, Krokusse, Tulpen, Traubenhyazinthen, Rosen, Dahlien und zahlreiche andere wohlriechende Blüten und Pflanzen – besonders prachtvoll anzusehen jedes Jahr zu Saisonauftakt auf der zwei Kilometer langen »Frühlingsstraße«. Bemerkenswert am Britzer Garten ist, dass er ganz unterschiedliche Landschaftselemente miteinander verbindet. Neben einer Heidelandschaft findet man weite Wiesenräume, lauschige Haine, rauschende Wildbäche, stille Pfuhle, aufregend unterschiedliche Hügel und Täler und in der Parkmitte eine abwechslungsreiche Seenlandschaft, in welcher der Große See eine Fläche von immerhin zehn Hektar hat.

Durchschnittlich 1,2 Millionen Besucher überzeugen sich nicht nur in den Themengärten, sondern auch anhand der an den Eingängen gepflanzten bunten Blumenbeete jedes Jahr davon, dass in Neukölln keineswegs nur Hanf gedeiht. Und wer schon einmal die Gelegenheit und die Freude hatte, dieses Schmuckstück gelungener Landschaftsgestaltung selbst in Augenschein zu nehmen, den kann es nicht überraschen, dass der Britzer Garten 2002 unter die zehn schönsten Gärten Deutschlands gewählt wurde. (→ Britzer Mühle)

Pop, Iggy → **Bowie, David**
Rathaus Neukölln → **Architektur**

Religion

Die meisten Neuköllner sind
muslimischen Glaubens

Als ich mich im Frühherbst letzten Jahres nach einem Auftritt abends im Hotelzimmer durch das TV-Programm zappte, blieb ich bei einer eher auf- als angeregten Diskussion um das Buch des recht selbstverliebten Herrn Sarrazin kleben. (➔ Gemüsehändler) Bei der geifernden Panik mancher Diskutanten bekam ich plötzlich Angst um meine Familie. Ich war schon seit zwei Wochen weg von zu Hause und seitdem hatte sich in Berlin offenbar einiges verändert. Mit unglaublicher Fingerfertigkeit schienen erfahrene Fachkräfte aus Osama Bin Ladens saudiarabischem Bauunternehmen in den knapp vierzehn Tagen meiner Abwesenheit überall in der Stadt Minarette aus dem Fertigbaukasten hochgezogen zu haben. Um die nötige Anzahl an Imamen zusammenzubekommen, wurden an vielen roten Ampeln der Stadt bärtige Taxifahrer aus ihren Droschken gezerrt und in Crashkursen eilends zu religiösen Eiferern umgeschult. H&M war von Styleislam aufgekauft und das Sortiment auf Kopftücher und Burkas eingedampft worden, wobei die Girlies anscheinend besonders die Burka-Spezialanfertigung mit freiem Blick auf das Arschgeweih goutierten. (➔ Mode) Auf dem Schreibtisch des in einer Instant-Gehirnwäsche zur Mehrweiberei bekehrten Noch-Bürgermeisters Ali el Wowereit lag ein dringlicher Eilantrag der Neuköllner Bezirksversammlung, sich bis spätestens Ende der Woche wieder einmal umbenennen zu dürfen – dieses Mal wahlweise in Neumekka oder in Muhammaddorf. Teppichmärkte mussten wegen des ungeheuren Andrangs von Gebetsteppich-Interessenten vorübergehend schließen, während sich ihre Chefeinkäufer in Windeseile auf die fliegenden Perser schwangen, um bei den einschlägigen nahöstlichen Teppichknüpfern schleunigst Nachschub zu ordern. Das war nun wirklich nicht das, was ich mir für die Zukunft meiner Stadt erhofft hatte. Stets hatte ich von einem friedlichen und fröhlichen Miteinander aller Ethnien und Religionen geträumt und nun das. Ein kurzer Anruf bei meiner Frau klärte mich auf, dass sie mich in Zukunft nur noch mit Efendi Murat Bey anzusprechen wünsche.

Als ich um halb drei nachts schweißüberströmt aufwachte, war Sarrazin mitsamt seinen Untergangspropheten offenbar ebenfalls zu Bett gegangen. Jetzt machte der Mann mir auch noch schlechte Träume!

In Wahrheit weiß keiner so wirklich, wie viele Moslems derzeit in Berlin leben, denn die Statistik zur Religionszugehörigkeit erfasst nur evangelische und katholische Kirchensteuerzahler. Zumindest kennt man aber die ungefähre Anzahl der in der Stadt befindlichen → Moscheen. Es sind etwa achtzig. Davon befinden sich zwanzig, also ein gutes Viertel, in → Neukölln. In Kreuzberg stehen sechzehn islamische Gebetshäuser und im Wedding vierzehn.

Verlässt man sich auf halbwegs seriöse Schätzungen verschiedener Organisationen, leben in ganz Berlin maximal 300.000 Bürger islamischen Glaubens. Nehmen wir nun anhand des oben erwähnten prozentualen Neuköllner Anteils an der Gesamtzahl Berliner Moscheen an, dass etwa ein Viertel davon in unserem Bezirk leben, kommen wir auf ungefähr 75.000 in Neukölln lebende Moslems. Im Verhältnis zur Neuköllner Gesamteinwohnerzahl von ebenfalls rund 300.000 Menschen kann selbst der böswilligste Diskutant nicht behaupten, dass man in Neukölln nur noch auf Muslime trifft. Was bei der Panikmache gegen den Islam schnell vergessen wird: Die Vielfalt der in Neukölln vertretenen Nationen sorgt dafür, dass die Bürger unseres Bezirks auch noch anderen Glaubensrichtungen anhängen als nur den beiden großen Weltreligionen.

Machen Sie bei schönem Wetter doch mal einen kleinen Ausflug in die → Hasenheide 108, unmittelbar am Rande des Volksparks. Hier informiert sie ein eher unauffälliges Schild, dass an dieser Stelle der Bau des (nach dem Londoner »Shri Swaminarayan Mandir«) zweitgrößten Hindu-Tempel Europas geplant ist, des Sri-Ganesha-Hindu-Tempel. Die Geschichte dieses Projektes geht zurück auf das Jahr 2005, als der Neuköllner SPD-Bezirksabgeordnete Vilwanathan Krishnamurthy von seinem Parteifreund Buschkowsky gefragt wurde, wieso in Berlin eigentlich kein Hindu-Tempel stehe. »Geben Sie mir einen Platz, und wir bauen einen«, lautete seine tatendurstige Antwort, die unserem hemdsärmeligen Bürgermeister unverkennbar gefiel. Denn schon kurze Zeit später war zwischen dem Bezirk Neukölln und dem kurzerhand gegründeten gemeinnützigen Sri Ganesha Hindu Tempel e.V. ein bis zum Jahr 2060 laufender Erbpachtvertrag über das Grundstück Hasenheide 108 geschlossen. Seit diesem forschen und rasanten Auftakt stagniert das Projekt, dessen Wahrzeichen ein siebzehn Meter hoher, reich verzierter Turm werden soll, allerdings leider. Obwohl ursprünglich schon 2006 mit dem Bau begonnen werden sollte und es einige Zeit danach hieß, spätestens 2010 werde der Tempel eröffnet, ist bisher außer dem Aufstellen des besagten Schildes und gelegentlicher auf dem Gelände stattfindender feierlicher Veranstaltungen nicht viel passiert. Anscheinend ist es auch für einen hinduistischen Verein trotz aller Gemeinnützigkeit nicht so einfach, Baukosten von gut einer Million Euro eben mal so en passant als Spenden einzusammeln.

Reuter, Fritz → **Neukölln** → **Widerstand**

Reuterkiez → **Gentrifizierung** → **Mieten**

Richardstraße → **Architektur** → **Ausländer II** → **Comeniusgarten**

Rieke uff'n Rathausturm → **Architektur**

Rixdorf

Als Neukölln noch Rixdorf hieß,
war alles friedlicher

Die Geschichte ➜ Neuköllns, ohne die unter anderem auch das vorliegende Buch gar nicht denkbar wäre, beginnt am 26. Juni 1360, als Richardsdorp in einer Urkunde des Johanniterordens erwähnt wird. In ihr wird nicht nur der Name Richardsdorp zum ersten Mal genannt, sie ist zugleich die einzige erhaltene Dorfgründungs-Urkunde der Mark Brandenburg überhaupt. Das geschichtsträchtige Schriftstück besagt, dass die damalige Hofstelle Richardsdorp – in der Urkunde übrigens in zwei anderen niederdeutschen Schreibweisen auch als Richardstorp oder als Richardstorff bezeichnet – von den Mönchen zu einem Dorf mit 25 Hufen erweitert wird. Das war die Geburt des späteren Rixdorf. Für ähnlich Ahnungslose wie mich sei ergänzt, dass ein Huf ein altes deutsches Flächenmaß ist, das umgerechnet etwa zwanzig Hektar entspricht.

Gesicherte Vorgeschichte dieses Ereignisses ist, dass der Templer-Orden schon im 13. Jahrhundert auf dem Teltow befestigte Stützpunkte errichtet hatte. Weil bei dem Begriff »Teltow« vielen nur die südlich von Berlin gelegene Stadt einfällt, darf ich hier kurz drei Sätze zur Geologie Brandenburgs verlieren. Der Teltow, auch »Teltower Platte« genannt, ist ein in der Eiszeit entstandenes Hochplateau. Wie man sich vielleicht vorstellen kann, führen Gletscher unter ihrer Oberfläche große Mengen an Geröll in Form von Kies, Sand und Ton mit sich. Schmilzt der Gletscher dann irgendwann ab, bleiben diese Aufschüttungen bestehen, was im Ergebnis zu einer Hochebene wie dem Teltow führt. Geologisch gesprochen handelt es sich dabei um eine Grundmoränenfläche, wobei Moräne einfach das französische Wort für Geröll ist. Immer wieder interessant zu sehen, wie Fachsprachen ursprünglich simple Sachverhalte für den Laien möglichst unverständlich zu verklausulieren suchen. Auf dem heutigen Berliner Stadtgebiet verläuft die nördliche Grenze des Teltow etwa parallel zum Spreelauf, so dass mehr oder minder alle südlich der Spree gelegenen Stadtteile auf dem Teltow angesiedelt sind. Aber zurück zu den Templern. Ihre Teltower Stützpunkte, von späteren Generationen summarisch Tempeldörfer genannt, trugen so klangvolle Namen wie Tempelhof, Mariendorf, Marienfelde und eben Richardsdorp. Als den Tempelherren 1312 Ketzerei vorgeworfen wurde und Papst Clemens V. ihren Orden verbot, gelangten diese Güter 1318 ausgerechnet in die Verwaltung ihrer bis dahin größten Konkurrenten, den Johanniter-Mönchen.

Strategisch günstig an der alten Handelsstraße von Cölln nach Cöpenick gelegen, zog das junge Dorf schon bald die begehrlichen Blicke der mächtigen Doppelstadt Berlin-Cölln auf sich und am 23. September 1435 hatten deren Ratsherren die Johanniter so weit, dass sie ihre gesamten Teltower Besitzungen gegen eine Zahlung von 2.439 Groschen der späteren deutschen Hauptstadt »mit allen und jeglichen Zubehörungen zu einem ewigen rechten Lehen« überließen. 1543 ging Richardsdorp allerdings zwischenzeitlich erst einmal in den alleinigen Besitz von Cölln über, bis es schließlich im Zuge der 1709 erfolgten Vereinigung der fünf selbstständigen Gemeinden Berlin, Cölln, Friedrichswerder, Dorotheenstadt und Friedrichstadt zur »Königlichen Haupt- und Residenzstadt Berlin« ein Kämmereidorf Berlins wurde.

Mit der Ansiedlung böhmischer Religionsflüchtlinge und der Teilung des Dorfes in Böhmisch-Rixdorf und Deutsch-Rixdorf begann 1737 der zunächst langsame, aber bald immer schwungvollere Aufstieg des Dorfes zur Stadt. Initialzündung war die 1867 eingerichtete Pferde-Omnibus-Linie von der Bergstraße (heute U-Bahnhof → **Karl-Marx-Straße**) zum Halleschen Tor, die Rixdorf erstmals direkt mit Berlin verband. Die neue und vergleichsweise schnelle Verkehrsverbindung machte es für viele Hauptstädter attraktiv, in das vor den Toren der Stadt gelegene aufstrebende Dorf zu ziehen. Übrigens waren die bastgeflochtenen Sonnenhüte, mit denen die Pferde an heißen Tagen durch die Stadt trabten, die originäre Erfindung eines Fuhrherren aus Rixdorf. (➜ **Fortschritt**) Nach der am 1. Januar 1874 erfolgten Vereinigung von Böhmisch-Rixdorf und Deutsch-Rixdorf explodierte das Bevölkerungswachstum geradezu und stieg bis 1900 auf das Sechsfache an, so dass der inzwischen insbesondere durch den Gassenhauer »In Rixdorf ist Musike« (➜ **Hymne**) auch als Amüsierviertel bekannt gewordene und mit rund 90.000 Einwohnern zum größten Dorf Deutschlands gewachsene Vorort am 1. April 1899 berechtigterweise das Stadtrecht verliehen bekam.

Damit ging der Trubel um Rixdorf aber erst richtig los. Die vielen kinderreichen Familien, die hierher zogen, waren bettelarm. Sie kamen vom Land nach Berlin, weil sie sich von der aufsteigenden Industrie Arbeit erhofften. Anschließend siedelten sie – jung verheiratet – aus der Stadt in den südlichen Randbezirk um, weil die Mieten und Lebenshaltungskosten dort einfach erheblich niedriger waren als in der Innenstadt. Die Neubürger waren keine Studenten, Rentiers oder Pensionäre und auch keine weiblichen Dienstboten, wie in den exklusiveren Gegenden Berlins; in Rixdorf lebten hauptsächlich Industriearbeiter mit ihrem meist großen familiären Anhang. 1911 hatten zwar immerhin 51.000 Rixdorfer ein Sparbuch, aber auf fast jedem zweiten fanden sich nicht mehr als sechzig Mark. Gerade einmal 38 Bürger hatten mehr als 10.000 Mark auf der hohen Kante.

Bis 1912 sorgte der nicht abreißende Zuzug für einen Anstieg der Einwohnerzahl auf 253.000 und es mehrten sich in der Verwaltung die Stimmen, man müsse der Stadt einen neuen, klangvolleren Namen geben. Einige störte an Rixdorf die »Klangunschönheit der ersten Silbe« (was immer sie damit meinten), andere monierten das inzwischen eindeutig unzutreffende Wort »Dorf«. Vor allem aber hofften die Stadtväter, mit einer Umbenennung das inzwischen schlechte Image des

Das traditionsreiche Rixdorf im modernen Neukölln.

Ortes zu rehabilitieren. Denn im Bewusstsein der Öffentlichkeit wurde Rixdorf von Jahr zu Jahr stärker mit → Kriminalität und »schlechten Sitten« in Verbindung gebracht und dieses unvorteilhafte Bild verhinderte den so sehnsüchtig erhofften Zuzug finanziell besser gestellter Bürger. Ganz im Gegenteil wanderten stattdessen Rixdorfer, denen ein gesellschaftlicher Aufstieg gelungen war, so schnell wie möglich in die vornehmen Viertel des Berliner Westens ab. Zahlungskräftige Steuerbürger waren aber dringend vonnöten. Nur durch einen radikalen Wandel der Bevölkerungsstruktur schien es möglich, endlich mehr Geld in die notleidenden Bezirkskassen zu spülen. Um die schlecht beleumundete Gegend für die heftig umworbene gut situierte Klientel aufzuhübschen, verschuldete man sich aber erst einmal tüchtig weiter, indem man sündhaft teure Prestigeprojekte auf den Weg brachte. So zum Beispiel den Ausbau der Kaiser-Friedrich-Straße (also der heutigen → Sonnenallee) zu einer, wie die damaligen Projektleiter hofften, nachhaltig wirkenden »Prachtallee«.

Trotz vehementen →Widerstandes der Bevölkerung und vor allem auch der Gewerbetreibenden (die wahrscheinlich kein neues Briefpapier drucken wollten) setzte sich die Verwaltung mit ihrem Änderungswahn durch und beschloss die Umbenennung. Zahllose Vorschläge geisterten durch die nicht enden wollenden Beratungen. Am Ende kristallisierten sich »Hermannstadt« und »Neukölln« als mögliche Garanten für die ersehnte bessere Zukunft heraus. Am Ende machte Neukölln knapp und nur deshalb das Rennen, weil der Name in den Augen der Verantwortlichen am besten die alte Verbindung mit der Berliner Schwesterstadt Cölln und der südlich der alten Rixdorfer Gemarkung gelegenen Cöllnischen Heide verkörperte. Ende Januar 1912 war es so weit und auch Kaiser Wilhelm II. erklärte sich mit der hochoffiziell bei ihm beantragten Umbenennung einverstanden. Acht Jahre später, am 1. Oktober 1920, war die Karriere der eigenständigen Stadt Neukölln allerdings auch schon wieder vorbei. Eingemeindet vom übermächtigen Berlin bildete sie nun zusammen mit den Landgemeinden Britz, Rudow und Buckow-Ost den vierzehnten der zwanzig neuen Verwaltungsbezirke Groß-Berlins.

Der eigentliche Treppenwitz der mit so viel Aufwand und Trara durchgeboxten Umfirmierung ist, dass sich an den Imageproblemen des Bezirkes seitdem rein gar nichts geändert hat und einige besonders intelligente Pappnasen inzwischen wieder eine Rückbenennung fordern. Das finde ich halbherzig. 2012 jährt sich der Namenswechsel zum hundertsten Mal. Warum schreiben wir nicht einfach in der Bezirksverfassung fest, dass wir alle hundert Jahre zwischen Rixdorf und Neukölln wechseln? Noch viel förderlicher für unser kränkelndes Bezirksimage wäre jedoch meiner Meinung nach, wenn wir die Bezeichnung Neukölln ab 2012 erst einmal auf Neuerkölln optimieren und uns 2112 zu dem Superlativ Neuestkölln steigern.

Rixdorfer Schmiede → Ausländer II

Rollkrug

Die zwielichtigen Ecken in Neukölln entstanden
erst in den letzten zwanzig Jahren

Am 9. September 2010 gab es ein leider ungenügend beachtetes Jubiläum zu feiern: Der Hermannplatz wurde 125 Jahre alt. Nicht, dass der heute so verwirrend wuselige Platz 1875 ein komplett leerer Fleck in der Landschaft gewesen wäre – er trug nur einen anderen Namen, nämlich »Platz am Rollkrug«.

Der Rollkrug war eine um 1737 entstandene Lokalität, ungefähr dort gelegen, wo heute am Hermannplatz die → Karl-Marx-Straße ihren Anfang nimmt. Der Name nimmt natürlich Bezug auf die kurz dahinter ansteigenden Rollberge. Anfangs war das in späteren Jahren zu zweifelhaftem Ruf gelangende Wirtshaus ein einsam gelegenes Gehöft, das am südlichen Ende des nach Berlin führenden Rixdorfer Damms (dem heutigen Kottbusser Damm) nicht nur als Gaststätte, sondern vor allem auch als Pferdewechselstelle diente. Erst im Zuge der durch Bismarck zurechtgezimmerten deutschen Einheit und der darauffolgenden wirtschaftlichen Prosperität der Gründerjahre entwickelte sich in den 1870ern mit dem Bau zahlreicher Mietshäuser das uns heute bekannte großstädtische Ambiente, in dem der altertümlich und bald auch schon recht heruntergekommen aussehende Rollkrug schnell wie ein Fremdkörper wirkte. Da → Rixdorf sich in jenen Jahren in rasendem Tempo zum quasi outgesourcten Vergnügungsviertel Berlins entwickelte und daraus all die üblichen Begleiterscheinungen wie Nepp und Kleinkriminalität erwuchsen, wurde der Rollkrug als westlichste Bastion Rixdorfs (der Hermannplatz markierte schon damals die Grenze zu Kreuzberg) – unter anderem wegen seines brave

Die gewinnbringendste Ecke Neuköllns.

Bürger abschreckenden, spelunkenhaften Aussehens – →Neuköllns erste richtige zwielichtige Ecke. (→Kriminalität) Diese fragwürdige Auszeichnung brachte dem Rollkrug kein Glück. 1907 wurde er sang- und klanglos abgerissen.

Die Grenzfunktion des Hermannplatzes führt übrigens heute zu der absurden Situation, dass das auf Kreuzberger Gebiet liegende Kaufhaus →Karstadt dem Bezirk Neukölln eine jährliche, nicht zu knappe Gebühr für die »Sondernutzung öffentlichen Straßenlandes« zahlen muss. Warum? Weil die erste Etage über den Kreuzberger Gehweg hinaus in den Neuköllner Luftraum hineinreicht.

Rütli-Schule

Die Rütli-Oberschule war schon
immer eine Problemschule

Als gebürtiger und, wie der Leser inzwischen unschwer begriffen haben dürfte, durchaus lokalpatriotischer Neuköllner habe ich mich schon sehr gewundert, wie rasend schnell die geschichtsträchtige Rütli-Schule im März 2006 durch einen einzigen Lehrer-Brandbrief bundesweit zum Inbegriff einer nicht funktionierenden Bildungs- und Integrationspolitik wurde. Dabei verträgt sich die spannende und beeindruckende Historie der Bildungseinrichtung so gar nicht mit ihrem durch sensationsgeile Medien geschürten schlechten Ruf.

Steigen wir doch kurz in meine private kleine Zeitmaschine und beamen uns gut hundert Jahre zurück in jene Zeit, als → Neukölln noch → Rixdorf war. Im Jahre 1909, bei ihrer Einweihung, hießen die in der Rütlistraße neu errichteten zwei Schulgebäude noch so schlicht wie bürokratisch 31. und 32. Gemeindeschule. Es handelte sich wegen der amtlich vorgeschriebenen Geschlechtertrennung um eine Doppelschule, in die sich aufgrund des zu Beginn des 20. Jahrhunderts geradezu beängstigenden Rixdorfer Bevölkerungswachstums pro Klassenzimmer bis zu fünfzig Mädchen beziehungsweise Jungen quetschen mussten.

Die erste Lehranstalts-Karriere der beiden Gebäude war von kurzer Dauer, denn im Ersten Weltkrieg wurden Kasernen wichtiger als Schulen, weshalb man in der 31. und 32. lieber Soldaten als Kinder unterbrachte. Nach Kriegsende änderten sich die Prioritäten wieder. Dieses Mal wählten die Schulleiter einen anderen Ansatz und profilierten sich fortschrittlich als sogenannte »bekenntnisfreie Schule«.

Das neue Konzept bezog sich auf den Paragraph 149 der Weimarer Verfassung, der es Schulen freistellte, auf Religion als Lehrfach zu verzichten. Eine Möglichkeit, die in der Kaiserzeit noch völlig undenkbar gewesen wäre, aber durch die Gräuel des verlorenen Krieges hatten sich viele Deutsche von Karl Marx' Diktum, Religion sei nur Opium für das Volk, überzeugen lassen.

Eine der treibenden Kräfte hinter der Neuausrichtung der beiden Rütlistraße-Schulen war der Schulstadtrat Kurt Löwenstein. Der 1885 geborene Sozialdemokrat war einer der wesentlichen Wegbereiter demokratischer und sozialer Bildungspolitik. Ihm und seinen Mitarbeitern verdankt Neukölln unter anderem solch bahnbrechende Maßnahmen wie einkommensabhängige Schulgelder, die Ausweitung der Schulspeisung, die Einführung von Abiturklassen an Volksschulen sowie – als früher Vorläufer des zweiten Bildungsweges – sogenannte Arbeiter-Abiturienten-Kurse.

Die progressive Ausrichtung der Reformschulen – wie Anstalten, die den Paragraph 149 für sich in Anspruch nahmen, im Sprachgebrauch der Verwaltung genannt wurden – kratzte an vielen Tabus und schreckte kaisertreue und konservative Pädagogen ab, wodurch der Weg frei wurde für veränderungsfreudige und eher links stehende Lehrkräfte. Die sorgten dafür, dass die spätere Rütli-Schule 1923 von Amts wegen zur staatlichen Versuchsschule erklärt wurde, was den Pädagogen zusätzliche Freiräume bei der Gestaltung ihres pädagogischen Konzeptes eröffnete. Die daraufhin entstehende »Lebensgemeinschaftsschule« nahm bereits vorweg, was in den Roaring Sixties zum anti-autoritären Zeitgeist wurde. Jungen und Mädchen wurden gemeinsam ohne starre Stundenpläne in freiwilligen Arbeitsgemeinschaften unterrichtet, wobei beide Geschlechter sowohl den Handarbeits- als auch den Werkunterricht besuchten. Schüler- und Elternausschüsse bestimmten die schulinterne Politik und verboten die Prügelstrafe. Ein wesentlicher Bestandteil des Schulalltags waren regelmäßig stattfindende Schulfeiern, die Lernen und Leben zu einer spielerischen Einheit verknüpfen

Zwei Frösche bewachen den Eingang zur Rütli-Schule. Das pädagogische Konzept
war hier ja schon immer innovativ ...

sollten. Selbst die Zensuren wurden schon in den zwanziger Jahren
abgeschafft – eine Maßnahme, die anti-autoritäre Linkspädagogen
vierzig Jahre später gern als brandneue Idee und unerhörte Provoka-
tion des Establishments zu verkaufen suchten.

Wie so oft scheiterte der mutige Ansatz letzten Endes am Geld. Die
1929 ausbrechende Weltwirtschaftskrise machte sich schon ein Jahr
später auch in der Rütlistraße bemerkbar. Radikal strich die Schulverwaltung dringend notwendige Gelder zusammen, woraufhin Lehrer entlassen und ganze Klassenverbände zusammengelegt werden
mussten. Im Gegensatz zu den meisten anderen Schulen ließen sich
die Schüler und Eltern in der Rütlistraße das nicht kampflos gefallen.
Sie protestierten und als das nicht zu helfen schien, traten sie in einen Schulstreik. Aber alle Aktionen waren vergeblich. Im Januar 1933
verlor die Schule in der Rütlistraße als letzte der zwischenzeitlich elf
Neuköllner Reformschulen ganz offiziell ihren Status als Versuchsan-
stalt. Kaum waren dann die Nazis am Ruder, sorgten sie in rekord-

verdächtigem Tempo dafür, dass sämtliche in der Weimarer Republik durchgesetzten Bildungsreformen wieder pulverisiert wurden. Man degradierte oder versetzte Lehrer, trennte den Unterricht wieder nach Geschlechtern und drehte das Rad der Pädagogik zurück in die Kaiserjahre. → **Religion** wurde wieder Pflichtfach, die Prügelstrafe der Normalfall.

Subversiven → **Widerstand** gegen den Nazi-Irrsinn leistete die von der Gestapo so getaufte »Rütli-Gruppe«. Diese Gemeinschaft ehemaliger Schülerinnen und Schüler aus der Rütlistraße veröffentlichte zahlreiche gegen den Nationalsozialismus gerichtete Schriften, unter anderem die Flugblattserie »Das freie Wort«. 1941 flog die Gruppe auf, ihre Mitglieder wurden verhaftet und am 9. Oktober 1942 in Berlin-Plötzensee hingerichtet.

Den seit 2006 mit so vielen negativen Assoziationen verbundenen Namen bekam die »Rütli-Oberschule« offiziell übrigens erst 1966. Die in der Presse lancierten Schlagzeilen und der daraufhin ausbrechende Mediensturm sorgten zunächst dafür, dass die schwarz gekleideten Männer vom Wachschutz, die auf Bürgermeister Buschkowskys Anordnung hin die Sicherheit des Lehrpersonals garantieren sollten, das neue öffentliche Bild der Rütli-Schule prägten. Inzwischen aber scheint die Anstalt, oder genauer gesagt der gesamte Rütlikiez, mit dem durch EU-Fördergelder unterstützten Projekt »Campus Rütli« wieder an die Reformzeiten der zwanziger Jahre anknüpfen zu wollen. Der ehrgeizige Plan sieht vor, dass auf einem insgesamt 41.000 Quadratmeter großen Gelände ein umfassendes Sozialisations- und Bildungsangebot entstehen soll. Auch wenn bislang noch niemand so genau zu wissen scheint, wann mit dem Bau des Vorzeigeprojektes begonnen werden kann, ist die Rütli-Schule als Folge ihrer unfreiwillig erlangten bundesweiten Berühmtheit bereits im jetzigen Bildungsalltag vielen anderen Berliner Schulen einen ganzen Zacken voraus. Beispielsweise wurde eine Praktikumskooperation mit der Deutschen Bahn vereinbart und eine Abiturklasse eingerichtet, so dass nun 2015 die ersten Rütli-Absolventen ihre Hochschulreife erlangen werden. Alle Schüler werden inzwischen außerdem so individuell betreut, wie es unter den gegebenen personellen Umständen irgend möglich ist. Nach dem Unterricht haben sie beispielsweise die Möglichkeit, Instrumente zu lernen – wobei sogar ein Lehrer für das arabische Saiteninstrument Saz zur Verfügung steht. (→ Musik) Und dies ist nur ein kleiner Teil der in den letzten vier Jahren auf den Weg gebrachten Neuerungen, die das negative Image der Schule zumindest in der Fachwelt wieder gerade gerückt haben. Wie die Schulleiterin Cordula Heckmann berichtet, nehmen die Bewerbungen qualifizierter, oft selbst aus Migrantenfamilien stammender Pädagogen zu. Ein wichtiger Aspekt für die Zukunft der in der öffentlichen Wahrnehmung immer noch so verrufenen Bildungsstätte. Denn gute und vor allem motivierte Lehrer sind das A und O für jede pädagogische Lehranstalt. Davon weiß die Rütli-Schule ein Lied zu singen, da sie in den neunziger Jahren mangels anderer Angebote oft auf zwangsversetzte Lehrer aus dem ehemaligen Ostteil der Stadt zurückgreifen musste. In der DDR unter gänzlich anderen Prämissen ausgebildet und durch den unfreiwilligen Systemwechsel zusätzlich demotiviert, versetzte ihnen oft schon der großspurige Umgangston der arabischen oder türkischen Jugendlichen einen echten Kulturschock.

Trotz aller ehrgeizigen Pläne und den bereits erreichten Verbesserungen gibt es für die Verantwortlichen noch enorm viel an Überzeugungsarbeit zu leisten. Denn nach wie vor liegt der Anteil der Eltern, die das Einzugsgebiet der Rütli-Schule verlassen, sobald ihre Kinder das Vorschulalter erreichen, unverändert hoch bei zehn Prozent. Es wird also noch dauern, bis die imagegeschädigte Ausbildungsstätte ihren verloren gegangenen pädagogischen Kredit nicht nur bei den Profis, sondern auch bei den Eltern der zukünftigen Schüler zurückgezahlt hat. Drücken wir den engagierten Machern vor Ort auf jeden Fall die Daumen, denn der Rütli-Campus wäre ein weltweit einzigartiges und vorbildhaftes Areal, auf das alle echten Neuköllner stolz sein könnten.

Rütli-Schwur

Rütli-Schwur heißt die Aufnahmeprüfung
an der Rütli-Schule

»Das Rütli ist ein abgelegener Flecken, eine kleine Wiese, aber ich wüsste kein anderes Stück Erde, das mehr wert wäre, Ozeane und Kontinente zu durchqueren, um es zu sehen.« (Mark Twain)

Der Ort, von dem der Schöpfer von »Tom Sawyer und Huckleberry Finn« so schwärmt, liegt direkt am Ufer des Vierwaldstättersees im Schweizer Kanton Uri und ist Namensgeber der Neuköllner Rütlistraße. Auf dieser lauschigen Aue trafen sich der Legende nach am 1. August 1291 die drei Abgesandten der Kantone Uri (Walter Fürst), Schwyz (Werner Stauffacher) und Unterwalden (Arnold von Melchtal), um durch den Rütli-Schwur die Schweizer Eidgenossenschaft zu begründen und die Herrschaft der von den Habsburgern eingesetzten Landvögte zu brechen. Friedrich Schiller hat die Eidesformel in seinem Schauspiel »Wilhelm Tell« so wiedergegeben:

Wir wollen sein ein einig Volk von Brüdern
In keiner Not uns trennen und Gefahr
Wir wollen frei sein, wie die Väter waren
Eher den Tod, als in der Knechtschaft leben
Wir wollen trauen auf den höchsten Gott
Und uns nicht fürchten vor der Macht der Menschen.

Schiller war unübersehbar eine romantisch veranlagte Seele, was für die Schweizer nicht unbedingt zu gelten scheint. Glaubt man ihren eigenen Quellen, haben die drei Schwurbrüder in sternenklarer Nacht viel prägnanter, aber auch prosaischer, einfach nur gesagt: »Isch schwör', wir blei'm zusammen.«

Welche der beiden Varianten einem mehr zusagt, ist Veranlagungssache. Wirklich verbindlich ist sowieso nur der offizielle Text des die Eidgenossenschaft begründenden Bundesbriefes. In ihm lautet die entsprechende Passage so: »Entsteht Streit unter Eidgenossen, so sollen die Einsichtigsten unter ihnen vermitteln und dem Teil, der den Spruch zurückweist, die anderen entgegentreten.«

Aktuelle Forschungen legen nahe, dass die Eidgenossenschaft weder am 1. August noch 1291, sondern eher um 1309 begründet wurde. Und das angeblich so beseelte nächtliche Treffen auf der Rütliwiese haben vermutlich auch erst spätere Generationen zwecks Gemeinschaft stiftender Mythenbildung hinzugedichtet. Von solchen Erkenntnissen unbeeindruckt, haben die ganz offensichtlich zu Recht als dickköpfig geltenden Schweizer seit 1994 dennoch den 1. August zum sogar gesetzlichen – also arbeitsfreien – Nationalfeiertag erklärt, der seitdem mit salbungsvollen Reden, bacchantischem Feuerwerk und den über die Berge und Täler majestätisch leuchtenden traditionellen Höhenfeuern begangen wird.

Schillers Bühnenstück »Wilhelm Tell« fand jedenfalls im Land des Rütli-Schwurs, obwohl er dessen Historie behandelt, kaum Beachtung. Ganz anders in Deutschland, wo das Werk eine wahre Euphorie auslöste. Geschrieben während der napoleonischen Besatzungszeit und vom Publikum zugleich als Parabel auf die deutsche Situation verstanden, erntete es bei jeder seiner Aufführungen ausgiebigen patriotischen Jubel. Auch in den ersten Jahren der nationalsozialistischen Herrschaft wurde der »Wilhelm Tell« als Nationaldrama hochgeschätzt. Das Stück verkörperte nicht nur den NS-Nationalitätsgedanken, sondern auch die Vorstellung einer Volksgemeinschaft und in der Figur Wilhelm Tells eine ideale Führungspersönlichkeit. Die meistzitierte Textstelle des Dramas war genau der Rütli-Schwur. Er wurde als Mahnung verstanden, die politische und geistige Einheit Deutschlands zu stärken, weshalb der Eid auch in das Programm zahlreicher nationalsozialistischer Massenveranstaltungen eingebunden wurde.

Am 3. Juni 1941 drehte sich diese Haltung der Machthaber zum Tell unerwartet um 180 Grad. Mit sofortiger Wirkung wurden weitere Aufführungen des noch bis 1938 im Dritten Reich meistgespielten Stückes verboten. Die Gründe hierfür sind nicht so ganz klar. Es gibt aber Vermutungen, dass sich Hitler wegen des sich für die Deutschen nicht so ganz optimal entwickelnden Krieges um seine persönliche Sicherheit sorgte und deswegen den im »Tell« verherrlichten Tyrannenmord am Landvogt Geßler als bedrohlich empfand.

Wie auch immer, jedenfalls hat der Rütli-Schwur mit der gleichnamigen Schule wenig zu tun, außer eben, dass er für ihren Namen Pate stand. Und vielleicht gibt es tatsächlich den ein oder anderen Rütli-Schwur unter Schülern – der hat dann aber wiederum vermutlich mit Wilhelm Tell und der Schweiz nicht mehr allzu viel zu tun ...

Sonnenallee

In der Sonnenallee ist nichts los

Die knapp fünf Kilometer lange Sonnenallee, von der neun Zehntel durch → Neukölln führen, wurde um 1880 in einem sumpfgen Gebiet → Rixdorfs angelegt. Anfangs hieß sie schlicht »Straße 84«, wurde dann aber zu Ehren des 99-Tage-Kaisers Friedrich nach dessen frühem Tod 1893 in »Kaiser-Friedrich-Straße« umbenannt. Auch der camals am südlichen Ende der Straße gelegene S-Bahnhof wurde am 1. Oktober 1912 unter dem Namen »Kaiser-Friedrich-Straße« eröffnet und anschließend, wie die Straße selbst, des Öfteren umbenannt. Ein Hobby, das dem Neuköllner irgendwie im Blut zu liegen scheint. (→ Karl-Marx-Straße) »Sonnenallee« getauft wurde die Straße am 20. April 1920, kurz bevor die Eingemeindung der Stadt Neukölln sowie der umliegenden Gemeinden nach Groß-Berlin beschlossen wurde. Nach diversen Verlängerungen hatte die Allee ihre bis heute gültige Länge erreicht und mündete erstmals in die Baumschulenstraße. Einige Jahre später entstand an der Kreuzung zum Dammweg eines der größten Arbeitsämter Deutschlands, welches täglich Zehntausende der damals über sechs Millionen Arbeitslosen Deutschlands ansteuern mussten und das die Klienten zynisch »Sonne« tauften.

Der 50. Geburtstag Hitlers zwang die Anrainer der Sonnenallee am 11. Mai 1938 erneut, Adressänderungs-Mitteilungen zu verschicken. Diesmal hatte die Verwaltung bei der Umbenennung den glorreichen Einfall, sich am Geburtsort des GröFaZ (Größten Führers aller Zeiten) zu orientieren und enthüllte beim Festakt vor den Augen der wahrscheinlich nur mäßig überraschten Anwesenden ein Straßenschild mit dem Namen »Braunauer Straße«. Dass man nicht die eigentlich angemessene Bezeichnung »Allee« wählte, hat meiner Vermutung nach damit zu tun, dass der österreichische Ex-Gefreite bekanntermaßen ein gestörtes Verhältnis zur Natur hatte und man ihn daher wahrscheinlich nicht mit dem Hinweis auf die Existenz von Bäumen ängstigen wollte.

Die aus der Geschichte weithin bekannten Fakten sorgten dafür, dass die Bezeichnung »Braunauer Straße« nur eine kurze Lebensdauer hatte. Nun war man klug genug, bei der Namensgebung die Kreativität in der Schublade zu lassen und vor allem nicht ein weiteres Mal größenwahnsinnigen Politfreaks zu huldigen. Die Rückbesinnung auf die gute alte Sonnenallee rückte korrekterweise die Bäume wieder ins Bewusstsein der Öffentlichkeit und freute sicher auch den Teil der Anwohner, der entweder aus purem Geiz oder aus mangelndem Vertrauen in die militärstrategischen Fähigkeiten des GröFaZ alte Adressstempel und Visitenkarten im Schrank aufbewahrt hatte. Niemand konnte zu jenem Zeitpunkt ahnen, dass eines Tages eine Mauer die Straße in ein langes und ein kurzes Ende teilen würde. Wobei das im Ost-Berliner Bezirk Treptow gelegene kurze Ende mit etwas über 400 Metern wirklich SEHR kurz geraten war. Der naheliegenderweise ebenfalls »Sonnenallee« getaufte innerstädtische Grenzübergang gelangte dann nach der Wende durch Thomas Brussigs Roman »Am kürzeren Ende der Sonnenallee« und dem darauf beruhenden Kino-Hit »Sonnenallee« zu bundesweiter Berühmtheit.

Einheimische Jugendliche nennen den Neuköllner Boulevard, dem man sein Alter mittlerweile ziemlich ansieht, wegen der vielen arabischen Geschäfte inzwischen gerne »Klein-Beirut«. Ein eigenwilliger Vergleich, wie ich finde, denn die libanesische Hauptstadt ist trotz ihres lang anhaltenden Bürgerkriegs eine lebensfrohe und mediterran geprägte Stadt geblieben, wohingegen unsere auf sumpfigem Gelände erbaute, exakt 4,9 Kilometer lange Stadtteilachse vor allem durch heruntergekommene Häuser, dunkle Wohnungen, baufälliges Straßenpflaster und ungepflegte Grünanlagen besticht. Man kann das

Ganze jedoch auch ein wenig positiver sehen, denn die vielen multi-ethnischen Geschäfte, Imbisse und Restaurants erzeugen inmitten all der städtebaulichen Tristesse ein urbanes Leben, das zumindest in seinen besten Momenten vage Erinnerungen an die Lebensfreude levantinischer Städte weckt. Besonders anschaulich konnte man dies während der WM 2010 beobachten, als Migranten aller Herren Länder plötzlich mit Unmengen an Deutschland-Accessoires durch die Gegend zogen und sich zum erfrischenden Spiel der deutschen Elf bekannten. (→ **Multikulti**) Auf einmal wurde jedes Match der National-mannschaft zu einem rauschenden Straßenfest. In alle Medien schaffte es in diesem Zusammenhang der skurrile Fall des Libanesen Youssef Bassal, der während der WM direkt über seinem Elektro-Shop in der Sonnenallee die größte Deutschlandfahne Berlins angebracht hatte: Mit circa 17 × 5 Metern immerhin 85 Quadratmeter Deutschland. Sein patriotisches Bekenntnis führte zu einem bizarren Kleinkrieg, bei dem sich auf der einen Seite Bassal samt Verwandtschaft und auf der an-deren Seite Berliner Linksautonome gegenüberstanden, deren sauber aufgeräumtes Spießer-Weltbild durch Bassals Aktion augenscheinlich etwas durcheinander gekommen war. Über ihr Internetportal »Indy-media« gaben sie die Flagge öffentlich zum Abschuss frei, was dazu führte, dass sie schon kurz danach im Straßendreck lag. Der von Bas-sal unverzüglich gekaufte Ersatz wurde dann wenige Tage später sogar angezündet. Jetzt wurde es dem augenscheinlich sehr hartnäckigen Elektrohändler zu bunt. Er kaufte eine dritte Flagge, die er und seine Angehörigen daraufhin Tag und Nacht – zumindest bis zum Ausschei-den der deutschen Mannschaft – erfolgreich bewachten und vor der Zerstörung bewahren konnten. Fortsetzung folgt dann wahrscheinlich bei der EM 2012.

Die Medien griffen die groteske Auseinandersetzung natürlich dankbar auf. Als selbstbewusste Migranten wehrten sich Youssef Bas-sal und seine Leute aber zum Glück sowohl gegen eine Vereinnahmung von rechts als auch von links. Wie Bassals Cousin Badr Mohammed

Auch ohne »Sonne« in der Geschäftsbezeichnung ein Namenserlebnis der besonderen Art.

es in einem Interview treffend ausdrückte: »Wir wollen keine Alibi-Ausländer für irgendjemand sein. Wir wollen nicht ewig Migranten bleiben und einen Migrationshintergrund haben bis ins siebte Glied. Wir sind neue Deutsche. Punkt.«

In der Sonnenallee ist aber nicht nur wegen solcher abstrusen Scharmützel einiges in Bewegung. Hier, wo viele Kaltmieten sage und schreibe noch bei 2 Euro 50 pro Quadratmeter liegen, ist eines der größten Sanierungsgebiete Berlins in Planung. (→ Mieten) Neu entstehen sollen unter anderem Einrichtungen für Kinder, Jugendliche und Senioren, öffentliche Grünanlagen und sogar, man höre und staune, Radwege. Es kann also wieder aufwärts gehen mit dem einstigen Neuköllner Vorzeige-Boulevard. Die Blumenläden – ein sicherer Indikator dafür, dass Geld über das Lebensnotwendige hinaus ausgegeben wird – florieren auf jeden Fall schon.

Und vielleicht siedeln sich dann hier in Zukunft auch wieder phantasiebegabte Menschen an. Wäre ich Bezirksbürgermeister, hätte ich

Gewerbetreibenden jedenfalls schon längst untersagt, den schönen Namen unseres Zentralgestirns für ihre ach so irdischen Geschäfte zu missbrauchen. Mir fallen auf Anhieb folgende Verbrechen gegen den guten Geschmack ein: Sun-Umzüge, Sonnenspätkauf, Sonnengarten-Imbiss, Bierhaus Sunrise oder Sonnenback. Liebe Geschäftemacher der Sonnenallee, haltet ein! Warum nennt ihr euren Betrieb nicht zum Beispiel einfach nach eurem sicher schönen Familiennamen? Wäre das nicht viel individueller? Danke für eure sicher gut gemeinte Gedächtnisstütze, aber ich weiß auch ohne eure lustigen Wortspiele, dass ich mich in der Sonnenallee befinde. Also bitte, geht in euch ...

Spionage-Tunnel → Britzer Tunnel
Sportmolle → Fassbrause

Stadtteilführungen

Neuköllner bleiben am liebsten unter sich

Diese Behauptung ist mit Sicherheit falsch, denn viele Neuköllner zeigen mittlerweile in den unterschiedlichsten Stadtteilführungen Nicht-Einheimischen ihr ganz persönliches → Neukölln. Und, liebe Leser, ich bin ehrlich gesagt selbst erstaunt, wie viele abwechslungsreiche Touren unser Bezirk inzwischen bietet. Der Appetit kommt ja bekanntlich beim Essen, aber um schon einmal Ihren Gaumen zu kitzeln, skizziere ich im Folgenden, was so alles angeboten wird.

1. Das arabische Neukölln: Die Sozialarbeiterin Abeer Arif führt durch die arabischen Geschäfte der → Sonnenallee. Arabischer Kaffee, Anistee und Wasserpfeife sind inklusive.

2. Berlin Bike Tour: Der Radtouranbieter steuert zwei Neuköllner Weinberge an. Von Kreuzberg geht es über den Rebgarten der Neuköllner Carl-Legien-Berufsschule zum Britzer Weingut. Eine Weinprobe gehört zum Programm!

3. Berliner Unterwelten: Eine Tour durch die dunklen Keller der stillgelegten Kindl-Brauerei, mit Einführungen in die Grundlagen der Braukunst.

4. Comedy im Bus: Die Travestie-Komikerin Edith Schröder alias Ades Zabel alias »die Perle von Neukölln« lädt zu einer ganz und gar nicht ernsten Bus-Rundfahrt durch unseren Bezirk. Sekt und hochprozentige Absacker fehlen selbstverständlich nicht.

5. Frauentouren: Die Historikerin Beate Neubauer und die Politikwissenschaftlerin Claudia von Gelieu erzählen (natürlich auch für Männer) Neuköllner Geschichte(n) aus der Frauenperspektive. Die Wider-

standskämpferin Olga Benario ist genauso Thema wie die Entstehung des Frauenviertels in Rudow.

6. Kneipentour: Jeden 2. und 4. Samstag im Monat bietet die Kulturmanagerin Katrin Heidler eine Tour durch die vielfältige Kreuzköllner Kneipenlanschaft an, bei der auch die Kultur nicht zu kurz kommt.

7. Reinhold Steinle: Stadtführungen der lustigen Art bietet der schwäbelnde Wahlberliner Reinhold Steinle. Bewaffnet mit brauner Aktentasche und Regenschirm erklärt der gebürtige Schwabe und gefühlte Berliner Neukölln genauso kenntnisreich wie humorvoll aus der Perspektive eines zugereisten Spätzleschabers. Seine drei Touren gehen durch das alte → Rixdorf, den Schiller- und den Richardkiez.

8. Route 44: Die Libanesin Hanadi Mourad und die Türkin Gül-Aynur zeigen in ihrer Führung eine → Moschee von innen und berichten aus eigener Erfahrung, wie der Alltag für Frauen und Mädchen in einem der spannendsten und spannungsreichsten Berliner Bezirke aussieht. (→ Fourtyfour)

9. Stattreisen: Die sogenannte Gartentour durch den → Comenius-Garten und den → Körnerpark mit anschließendem Essen und Besuch in der Neuköllner Oper ist das Neukölln-Highlight des Berliner Stadttourenanbieters. Darüber hinaus gibt es Führungen durch Rixdorf und den Reuterkiez.

Hab ich zu viel versprochen? Ich denke, ich werde demnächst meinen Kalender durchforsten, um meine diversen Touren zu planen. Also, vielleicht sieht man sich!

Tempelritter

Die Tempelritter gründeten eine Bürgerinitiative gegen den Bau der Sehitlik-Moschee

Es ist noch gar nicht so lange her, da hätten die meisten Menschen mit dem Begriff Tempelritter gar nichts mehr anzufangen gewusst. Das änderte sich jählings, als Dan Browns wild fabulierender Thriller »Sakrileg« die weltweiten Bestsellerlisten stürmte. Plötzlich war der zuvor fast in Vergessenheit geratene Templerorden wieder in aller Munde, und darum wissen Sie bestimmt schon, dass das mit den Tempelrittern und der Bürgerinitiative natürlich Blödsinn ist.

Dem bereits im 14. Jahrhundert (nicht ganz freiwillig) aufgelösten Orden wird von passionierten Verschwörungstheoretikern vieles zugetraut. So sollen damals einige Templer die unbarmherzigen Verfolgungen von Papst und französischem König überlebt haben und – quasi als Rache – den Geheimbund der Freimaurer gegründet haben. Nebenbei gelang es ihnen dann noch, die Gotik zu erfinden, Nordamerika zu entdecken und die Französische Revolution zu organisieren. Und last but not at all least hüten sie natürlich auch das Aufsehen erregende Geheimnis des Heiligen Grals: Jesus und Maria Magdalena zeugten ein gemeinsames Kind, dessen Nachfahren noch heute leben. Alle Achtung, diese Jungs waren wirklich begnadete Multitasker!

Als nüchterner Ex-Polizist halte ich mich da doch lieber an die Fakten: Der »Orden der armen Ritter Christi« entstand 1119 aus einem Bund zweier französischer Ritter, dessen Ziel der Schutz von Pilgern war, die nach dem erfolgreichen ersten Kreuzzug die heiligen Stätten Palästinas besuchen wollten. Da die Templer ihr Hauptquartier in Jerusalem direkt neben einer Basilika eingerichtet hatten, die auf den

Grundmauern des Salomonischen Tempels stand, bürgerte sich statt der etwas umständlich auszusprechenden offiziellen Bezeichnung schnell der eingärgigere Begriff »Tempelherren« ein.

Mit einer einzigen genialen Idee wurde der Orden canr schon bald legendär reich. Weil die Templer nämlich regelmäßig Geld und Güter von Europa nach Palästina transferierten und dazu auf dem Weg zahlreiche Stützpunkte errichtet hatten, konnte man ais Reisender in einer ihrer vielen »Komtureien« Geld einzahlen und es mit der entsprechenden Quittung an einem anderen Stützpunkt wieder abheben. Diese neue Möglichkeit des bargeldlosen Reisens – praktisch die Erfindung des Bank- und Scheckwesens – wurde schnell von vielen europäischen Herrschern und Adelshäusern in Anspruch genommen. Der Ruf der Templer als zuverlässige Finanzverwalter war dabei so gut, dass mit der Zeit sogar Muslime ihre Bankdienste nutzten.

Schnell wachsender Reichtum hat nur meist einen kleinen, aber umso ärgerlicheren Nachteil: Er ruft Neider auf den Plan. Und weil die Tempelritter im Gegensatz zu den zwei anderen großen Orden, den Johannitern und dem Deutschritterorden, versäumten, sich eigene territoriale Herrschaftsgebiete zu sichern, hatten sie ihren neuen Feinden nicht viel entgegenzusetzen. Zu einem besonders erbitterten und vor allem mächtigen Gegner entwickelte sich der französische König Philipp IV. Ob es daran lag, dass der Orden einige Jahre zuvor den Aufnahmeantrag des auch unter dem Beinamen »der Schöne« bekannten Regenten abgelehnt hatte, oder ob ein übereifriger Templer ihm ein paar Zinsen zu viel berechnet hatte, lässt sich heute nicht mehr feststellen. Aber, dass Verschmähte ebenso wie Betrogene besonders rachsüchtig sein können, gehört ja zum allgemeinen Erfahrungsschatz der Menschheit. Jedenfalls ruhte der unerbittliche Verfolger nicht, bis er durch massiven politischen Druck auch den amtierenden Papst Clemens V. auf seine Seite gezogen hatte. Damit war die Stunde seines Angriffs gekommen und er und seine Vasallen dichteten den Templern Anfang des 14. Jahrhunderts in einer groß angelegten Intrige Häresie,

Unzucht und Gotteslästerung an. Am 13. Oktober 1307 – nach dem damals gültigen julianischen Kalender natürlich ein Freitag – wurden auf Anordnung des Königs rund 2.000 Ordensbrüder verhaftet und den grausamen Foltermethoden der Inquisition unterworfen. 1312 wurde der Orden dann durch den Papst endgültig aufgelöst und sein gesamter Besitz ausgerechnet dem verfeindeten Johanniterorden zugeschlagen.

Zu diesem Besitz gehörten auch ein paar kleine unbedeutende Stützpunkte in Brandenburg, die Namen trugen wie Tempelhof oder Mariendorf und viele, viele Monde später noch eine gewisse weltpolitische Bedeutung erlangten. Achten Sie übrigens in Zukunft, wenn sonntagnachmittags in der Glotze zufällig ein alter Ritterfilm läuft, ruhig mal auf die Tracht der Recken: Sehr oft tragen diese einen weißen Mantel mit einem großen achtspitzigen roten Kreuz auf der Brust. Diese pittoreske Bekleidung war aber ganz allein das offizielle Ornat des Templerordens und durfte daher von anderen Rittern gar nicht getragen werden. (➔ **Neukölln**)

So viel zum Thema Geschichtsfälschung in den Medien.

Tourismus

Nach Neukölln verirrt sich kein Tourist

Diese Hypothese kann ich ausnahmsweise guten Gewissens bestätigen. Denn die meisten der die Hauptstadt überflutenden Touristen verirren sich tatsächlich nicht nach → Neukölln. Sie fahren dort ganz gezielt hin. Und warum? Weil hier ihr Hotel steht.

Falls Sie schon einmal das Vergnügen hatten, der gesamten äußeren Berliner S-Bahn-Ring zu befahren (was ich Besuchern und Neuberlinern immer gerne ans Herz lege – man bekommt dabei mindestens einen guten Eindruck von der Größe der Stadt), befällt sie im südlichen Teil des Rings in einem bestimmten Moment unweigerlich das Gefühl, versehentlich als Statist in den alten Spielberg-Klassiker »Unheimliche Begegnung der dritten Art« geraten zu sein. Und zwar genau dann, wenn sich in unmittelbarer Nähe der Gleise plötzlich ein gigantisches, spiegelndes Raumschiff materialisiert. Erst wenn sich die Bahn dem Ungetüm schon fast auf Reichweite genähert hat, erkennen Sie hoch oben auf der Spitze des dreieckigen Monstrums den Schriftzug »Estrel«. (→ Architektur)

Mit meinem exzellenten, bei aufwändigen Essensbestellungen in kanarischen Tapas-Bars geschulten Spanisch dachte ich beim ersten Mal: O, eine extraterrestrische Rasse, die gerne Urlaub an der Costa Brava macht, ihr Raumschiff deshalb spanisch »Estrela«, also Stern, nennt und auf dem Rückweg ins All offenbar das Navigationssystem falsch programmiert hat, weshalb sie jetzt versehentlich in der → Sonnenallee gelandet ist. Mein intuitives Einfühlungsvermögen in die Gedankengänge Außerirdischer legte mir in diesem magischen Mo-

Für alle, die sich nicht in die Oper reintrauen: Es lohnt sich schon,
einfach nur durch die Passage durchzulaufen.

ment den Schluss nah, dass meine Vorfahren gar nicht aus der Türkei,
sondern vom Ork stammten.

Leider ließ meine manchmal so bedauernswert nüchterne Frau
mir wenig Raum für die schmeichelhaften Großmannsphantasien und
klärte mich beim Abendessen trocken auf, dass ich kein Raumschiff,
sondern ein Hotel gesehen habe, dessen prosaischer Name »Estrel«
schlicht den Namen des Gründers und Eigentümers Eberhard Strelitz-
ki abkürzt. Nun gut. Als ich mir aber am nächsten Morgen die Website
des riesigen Beherbergungsbetriebes anschaute, war ich doch wieder beeindruckt. Das Estrel hält nämlich gleich mehrere Rekorde: Mit
1.125 Zimmern ist es nicht nur Deutschlands größtes Hotel, sondern
hat auch bis zu sensationelle achtzig Prozent Auslastung, was dazu
führt dass es bereits mehrfach als Deutschlands umsatzstärkster
Beherbungsbetrieb ausgezeichnet wurde und im Jahr 2000 als erstes
deutsches Hotel die hundert Millionen – damals noch – Mark Umsatz-
grenze überschreiten konnte. Darüber hinaus ist das Estrel, vielleicht

Auch eine Audienz beim Neuköllner Adel sollte auf dem Kulturprogramm stehen.

mit Ausnahme von Las Vegas, der einzige Ort der Welt, an dem bereits Elvis, die Beatles, Whitney Houston, Rod Stewart, Cher, Marilyn Monroe, Frank Sinatra, Tina Turner und Madonna auf ein und derselben Bühne gestanden haben. (→ Berühmtheiten) Böse Zungen behaupten zwar, es habe sich dabei nur um mehr oder weniger begnadete Parodisten gehandelt. Ich weigere mich allerdings, das zu glauben. Es wird sich wohl einfach wieder um die übliche plumpe Neidpropaganda unserer missgünstigen Friedrichshainer oder Kreuzberger Nachbarn handeln, die einfach nicht ertragen können, dass in unserem Bezirk so viel mehr los ist als bei ihnen.

Aber warum erzähle ich Ihnen eigentlich so viel über das Estrel? Sollten Sie jemals als Tourist in Berlin gewesen sein, ist die statistische Wahrscheinlichkeit hoch, dass sie hier schon übernachtet haben und daher mehr über diese Unterkunft der Superlative wissen als ich.

Und Tourismus in Neukölln beschränkt sich ja keineswegs nur auf die Übernachtung im Estrel, wie Sie unter anderem im Netz unter tourismus-neukoelln.de sehen können. Ganz neu im Freizeitangebot soll die Rütli-Safari sein, bei der sich mutige Touris – wie man seine Gäste in Westberlin zu Mauerzeiten nannte – in gepanzerten Bussen an der berüchtigten Lehranstalt vorbeifahren lassen, um schnell ein Foto zu schießen. Spaß beiseite, Touristen, die sich auch abseits von Brandenburger Tor und Fernsehturm für die Hauptstadt interessieren, verschlägt es durchaus in unseren Bezirk. Ein Besuch in der Neuköllner Oper, ein Spaziergang durch den Britzer Garten (→Pflanzen) oder ein Besuch in der Sehitlik-→Moschee gehören zu den Klassikern, aber schon die Vielzahl der angebotenen →Stadtteilführungen zeigt das große Interesse von Auswärtigen an der Geschichte und Kultur Neuköllns.

Trabantenstadt → Gropiusstadt → Hufeisensiedlung
Trümmerberg → Dörferblick
Türken → Ausländer I → Döner → Gemüsehändler →
   Multikulti → Moschee
Türkenmarkt → Gropiuspassagen

Türkischer Friedhof

Der Türkische Friedhof wurde Ende der 1960er Jahre
wegen der steigenden Zahl an türkischen Gastarbeitern
gegründet

Die Gründung des islamischen Friedhofs am Columbiadamm, im allgemeinen Berliner Sprachgebrauch einst wie jetzt »Türkischer Friedhof« genannt, geht auf das Jahr 1866 zurück. Seit dem Ende des von Friedrich dem Großen geführten Siebenjährigen Krieges im Jahr 1763 entwickelte sich eine starke Interessengemeinschaft zwischen dem preußischen und dem osmanischen Hof, was auch zu intensiven diplomatischen Beziehungen führte. Als 1798 der erste ständige Gesandte, Ali Azis Efendi, in Berlin starb, wurde er auf der Tempelhofer Feldmark, also ungefähr auf Höhe der heutigen Urbanstraße, bestattet. So hielt man es auch in den folgenden Jahren mit verstorbenen Mitgliedern der osmanischen Gemeinde. 1866 aber sollte auf dem bisherigen Bestattungsgelände ein für die weiteren Expansionspläne Preußens dringend benötigter Kasernenneubau entstehen. Um die Freundschaft nicht zu gefährden, war Kaiser Wilhelm I. gezwungen, seinen osmanischen Bundesgenossen ein neues Grundstück zur Bestattung ihrer Landsmänner zur Verfügung zu stellen und verfiel dabei auf das Tempelhofer Feld am Columbiadamm, das er der Berliner türkischen Gemeinde auf Dauer vermachte. Käme der alte Herr heute zufällig wieder einmal zu Besuch, wäre er sicher überrascht, wie stark eben diese türkische Gemeinde inzwischen das Alltagsleben der Hauptstadt prägt.

Um die Innigkeit der preußisch-osmanischen Verbundenheit zu verdeutlichen, ließ der Kaiser den Eingang mit einer prächtigen Pforte im maurischen Stil schmücken. In der Mitte des Geländes wurde ein Obelisk errichtet, auf dem die Namen des umgebetteten Azis Efendi und weiterer Verstorbener in goldenen arabischen Schriftzügen auf grünen Tontafeln verewigt wurden. Zur besonderen Betonung der Waffenbrüderschaft achtete man darauf, Eingangspforte und Obelisk auf eine Sichtachse mit der Gedenkstätte für die Gefallenen der preußischen Freiheitskriege 1812/1815 zu legen, die sich auf dem unmittelbar angrenzenden Garnisonsfriedhof befand.

Während des Ersten Weltkrieges, bei dem das Osmanische Reich erneut an der Seite Deutschlands kämpfte, wurden auf dem islamischen Friedhof auch gefallene türkische Soldaten bestattet, woraufhin die Begräbnisstätte die Bezeichnung »Sehitlik« bekam, was Ehren- oder Märtyrerfriedhof bedeutet. Da auf dem nach des Kaisers Willen eigentlich der Türkei gehörenden Gelände später auch Muslime anderer Nationalitäten begraben wurden, war die Kapazität des Friedhofs nach 1945 praktisch erschöpft. 1989 wurde dort die letzte Bestattung vorgenommen und auf dem Grundstück später die aus Spendengeldern errichtete Sehitlik-→ **Moschee** gebaut.

Heute finden muslimische Bestattungen in Berlin entweder auf dem benachbarten Grundstück des ehemaligen Garnisonsfriedhofes oder auf dem Landschaftsfriedhof Gatow statt. Dort, wie auch in vielen anderen deutschen Städten, wurden eigens muslimische Grabfelder eingerichtet. Denn selbst wenn derzeit noch die meisten der in Deutschland lebenden Moslems nach ihrem Tod in die Heimatländer überführt werden, weil dort Familiengrabstätten existieren, wächst die Anzahl der in Deutschland nach islamischem Ritual durchgeführten Beerdigungen langsam, aber kontinuierlich. Dies ist nicht zuletzt deswegen ein Fortschritt, weil dazu deutsche Bestattungsgesetze an einigen entscheidenden Punkten geändert oder zumindest gelockert werden mussten. So widerspricht der in Deutschland bis vor kurzem noch gesetzlich festgeschriebene Sargzwang dem islamischen Brauchtum. Dieses schreibt vor, den Leichnam nach der erforderlichen rituellen Waschung nur mit dem Leichentuch bekleidet in ein nach Mekka ausgerichtetes Grab zu legen und ihn dabei auf die rechte Seite zu drehen.

Bevor das Grab abschließend aufgeschüttet wird, werden über dem Verstorbenen Holzbretter angebracht, damit der Leichnam nicht direkt von der aufgeschütteten Erde bedeckt wird.

Ein weiterer großer Unterschied zwischen christlicher und islamischen Begräbnissen ist, dass Beisetzungen nach muslimischen Gepflogenheiten möglichst innerhalb von vierundzwanzig Stunden nach Todeseintritt stattfinden sollen. Deutsche Bestattungsgesetze schreiben dagegen zwischen Tod und Begräbnis eine Mindestfrist von achtundvierzig Stunden vor. Darüber hinaus herrscht im Islam das Gebot der ewigen Totenruhe, das heißt, der Beerdigte darf nirgends bestattet werden, wo sich bereits einmal ein menschliches Grab befunden hat. Dies ist mit der recht strikt begrenzten Ruhezeit auf deutschen Friedhöfen nur schwer vereinbar. Inzwischen aber bemühen sich beide Seiten, gangbare Kompromisse zu finden, so dass islamische Beerdigungen in Deutschland in den vergangenen Jahren nicht nur häufiger, sondern auch zunehmend selbstverständlicher und unkomplizierter geworden sind.

Türkiyemspor → Fußball
Turnvater Jahn → Hasenheide

Uhren

In Neukölln gibt es nur dicke, teure Armbanduhren

Die sieht man bei uns tatsächlich nicht so selten und bevorzugt an den Handgelenken der Drogenbarone, die in ihren dicken Schlitten um ihre gewohnheitsrechtlich erworbene Handelszone, den Volkspark → Hasenheide, herumcruisen. (→ Drogen → Fortbewegung) Begibt man sich dagegen in den anderen großen Neuköllner Park, den Britzer Garten, so fällt einem chronometertechnisch vor allem die gigantische Sonnenuhr auf, die direkt neben dem Restaurant am Kalenderplatz steht.

Bei Sonnenuhren kommt mir als Erstes immer der alte Kalenderspruch in den Sinn, der sich gern auch auf in Souvenirläden angebotenen Keramiktellern und anderem brauchtümlichen Geschirr findet: »Mach es wie die Sonnenuhr, zähl die heit'ren Stunden nur.« Eine Küchenphilosophie, die mir noch nie eingeleuchtet hat: In Wahrheit sind es doch eher die schweren Stunden, die einen prägen und im Leben wirklich weiterbringen.

Sonnenuhren an sich finde ich aber schon toll. Und da ich zugegebenermaßen relativ häufig im Britzer Garten lustwandele, schaue ich mir speziell die Britzer Sonnenuhr immer wieder gerne an. Bei einer dieser Gelegenheiten erzählte mir einmal ein hochgewachsener älterer Herr, der sich offensichtlich eingehender mit Geschichte und Theorie von Sonnenuhren befasst hatte, dass man noch bis zu Beginn des 19. Jahrhunderts ausschließlich Sonnenuhren meinte, wenn man von »Uhren« sprach. Und dass unsere von den Architekten Zilling, Halfmann und Zillich entworfene Britzer Sonnenuhr mit 99 Metern Durchmesser die größte in ganz Europa ist.

Wie kann es anders sein: Auch in der Sonnenallee gibt es eine Sonnenuhr.

Auch wenn es sich bei diesen Informationen streng genommen um unnützes Wissen handelt, haben sie mich nicht nur erneut für den Britzer Garten, sondern auch für den vornehmen und offensichtlich belesenen Herrn eingenommen. Womöglich war er ja ein Gnomoniker. Gnomonik ist nämlich, was kaum jemand weiß, nicht die Wissenschaft der Zwerge, sondern die offizielle Bezeichnung für die Lehre von Sonnenuhren.

UNESCO-Weltkulturerbe → Architektur → Hufeisensiedlung
Werkstatt der Kulturen → Multikulti
Weserrakete → Gentrifizierung

Widerstand

Die einzige Form von Widerstand in Neukölln
ist Widerstand gegen die Staatsgewalt

Noch vor dem Ersten Weltkrieg – mit der Umbenennung von → Rixdorf in → Neukölln 1912 – siedelten sich im Zuge der Industrialisierung Zigtausende Arbeiter mit ihren Familien in dem Vorort von Berlin an. Während der Weimarer Republik erlebten die Neuköllner Bürger dann, wie Kommunalpolitik menschenwürdig gestaltet werden kann. In einem Reisebuch der frühen 1930er Jahre heißt es nicht umsonst, Neukölln habe »in der Anwendung sozialistischer Theorien in der Praxis des Lebens die führende Rolle in Groß-Berlin inne«. Denn mit seinen zwei starken Arbeiterparteien SPD und KPD hatte unser Bezirk in der Lokalpolitik der 1920er Jahre neue Wege eingeleitet. Dies betrifft beispielsweise die Arbeit des Volksbildungsstadtrates Kurt Löwenstein (→ Rütli-Schule) oder die Modelle des Sozialen Wohnungsbaus, wie die Britzer → Hufeisensiedlung. Bemerkenswert waren darüber hinaus die gesundheitspolitischen Initiativen der Neuköllner Stadtärzte Richard Schmincke (1875 – 1939) und Käthe Frankenthal (1889 – 1976), die in ihrer Position Aufgaben des heutigen Gesundheitsamtes betreuten. Unter ihrer Ägide wurden zum Beispiel bezirkliche »Fürsorgestellen« für Alkoholismus, Geschlechtskrankheiten, Säuglingssterblichkeit und Tuberkulose eingerichtet. Käthe Frankenthal setzte sich außerdem für die Abschaffung des Paragraphen 218 und die kommunale Verantwortung für Eheberatungsstellen ein. Auf sie ging 1930 eine Verordnung des Magistrats zurück, Frauen durch unentgeltliche Beratung und Bereitstellung von präventiven Mitteln die erforderliche Hilfe zur Geburtenregelung zu geben.

»Kein Platz für Nazis« – Widerstand gibt's auch heute noch in Neukölln.

Mit der Machtübernahme der Nationalsozialisten wurden viele der sozialen Errungenschaften wieder zunichte gemacht oder zumindest umfunktioniert, da die fortschrittlichen Aktivitäten links geprägter Bezirke ihnen ein Dorn im Auge waren. Von daher ist es nicht verwunderlich, dass sich Widerstand gegen die neuen Machthaber vor allem dort bildete, wo viele Arbeiterfamilien in engen Wohnvierteln in lichtlosen Hinterhäusern lebten – mithin auch in Neukölln.

In der Onkel-Bräsig-Straße 111 (für Auswärtige: die zur Hufeisensiedlung gehörende und in der Nähe vom Britzer Schloss gelegene Straße heißt wirklich so! Onkel Bräsig ist eine von Fritz Reuter geschaffene Romanfigur) trafen sich nach 1933 Neuköllner Widerstandskämpfer, die sich bereits aus früherer gemeinsamer politischer Arbeit kannten. Viele von ihnen, unter anderem Hans-Georg Mannaberg und Hans Georg und Charlotte Vötter, waren in der »Internationalen Arbeiterhilfe« aktiv gewesen. 1935 wurde Vötter verhaftet, 1938 Mannaberg. Als sie wieder entlassen wurden, war bereits Krieg. Die nach wie vor aktive Gruppe verfasste Flugblätter, die Vötter heimlich und unter Lebensgefahr bei der Druckerei, in der er angestellt war, vervielfältigte. Auf den Zetteln stand: »Hitler führt uns ins Massengrab.« Einige der Neuköllner Widerstandskämpfer hatten schon einige Jahre zuvor Kontakt zu einer Gruppe jüdischer Widerstandskämpfer um Herbert Baum aufgenommen. Sie tauschten politische Informationen aus und arbeiteten gemeinsam an der klandestinen antifaschistischen Zeitschrift »Der Ausweg«, deren Zielgruppe Soldaten waren.

1940 wurde ein Mitglied der Neuköllner Gruppe, Werner Steinbrink, zu seiner eigenen Überraschung beim Oberkommando der Wehrmacht eingesetzt und erhielt eine Stelle als Chemotechniker am Kaiser-Wilhelm-Institut. Dies ermöglichte ihm den Zugang zu Chemikalien, die für einen seit einiger Zeit von der Gruppe um Hermann Baum und den Neuköllner Widerstandskämpfern kontrovers diskutierten und nun konkrete Formen annehmenden Sabotageakt benötigt wurden. Ziel des Anschlags war eine 1942 im Berliner Lustgarten eröffnete antisowjetische Propagandaausstellung mit dem hämischen Titel: »Das Sowjetparadies«, die das Leben in der Sowjetunion genauso bestialisch und barbarisch zeigte, wie man es von einer anständigen Verleumdungskampagne erwarten durfte. Über die – mehr als barbarischen – Vernichtungsaktionen der deutschen Einsatzkommandos in Russland verlor die Ausstellung natürlich kein Wort. Der geplante Brandanschlag blieb in der Gruppe bis zuletzt umstritten, weil man befürchtete, durch die selbst gebastelte Brandbombe das Leben Unschuldiger zu gefährden und – wie sich leider zeigen sollte, zu Recht – dass die Nazis ihre Wut über das Attentat an den jüdischen Bürgern der Stadt auslassen würden. Trotz aller Zweifel beschloss die Gruppe letztendlich in einer Mehrheitsentscheidung, den Plan in die Tat umzusetzen. Am 18. Mai 1942 besuchten elf der Widerständler, darunter die Neuköllner Werner Steinbrink, Hildegard Jadamowitz und Irene Walther, die Ausstellung. An einem mit Stoff überzogenen Pfeiler installierten sie, praktisch direkt unter den Augen des Sicherheitspersonals, den von Steinbrink konstruierten Brandsatz. Zwar gelang es ihnen, nach der Zündung unbemerkt zu entkommen, aber das Feuer vernichtete nur einen viel kleineren Teil der Ausstellung als geplant. Trotz des vergleichsweise kleinen Schadens verhängte die Gestapo sofort eine totale Nachrichtensperre über das Ereignis und schon drei Tage später setzte eine große Verhaftungswelle ein. Kaum zwei Monate danach wurden Hildegard Jadamowitz, Werner Steinbrink, Hans-Georg Mannaberg und viele weitere Mitglieder der Baum- und Neukölln-Gruppe in Berlin-Plötzensee hingerichtet. Wegen des schnellen und äußerst gezielten Zugreifens der Gestapo vermuten einige Geschichtsschreiber, dass es innerhalb der Gruppe einen Verräter oder womöglich gar einen Agent Provocateur gab. Nach und nach wurden auch die übrigen Mitglieder der beiden Gruppen verhaftet und zum Tod oder langjährigen Gefängnisstrafen verurteilt. Festzuhalten bleibt, dass es in Neukölln verhältnismäßig viel und vielfältigen Widerstand gegen das nationalsozialistische Terrorregime gegeben hat. Von immerhin fast 1.500 Menschen ist bekannt und belegt, dass sie sich der Nazi-Herrschaft aktiv widersetzten, 152 von ihnen bezahlten ihren Mut mit dem Leben.

Es gab sogar einige Zeit lang ein aus heutiger Sicht kaum fassbares Kuriosum, nämlich eine Zeitschrift, die trotz Gleichschaltung der Presse Woche für Woche in sehr hoher Auflagenzahl legal erschien und sich offen gegen den Nationalsozialismus stellte. Das von Sozialdemokraten kompilierte und vertriebene Wochenblatt nannte sich »Blick in die Zeit« und erschien von Juli 1933 bis August 1935. Zu den Hauptabsatzgebieten der Zeitschrift, die es nach kurzer Zeit auf wöchentlich 120.000 Exemplare brachte – eine höhere Auflage als viele der anderen Berliner Zeitungen vorzuweisen hatten – zählte der Bezirk Neukölln. Natürlich blieb der Gestapo nicht lange verborgen, welche Linie die Publikation verfolgte. Schon bald wurden regelmäßig Beschlagnahmungen angeordnet, die die Herausgeber anfangs mit einem simplen Bauerntrick auszuhebeln vermochten: Obwohl der größte Teil der Auflage schon donnerstagnachts zur Auslieferung kam, stellten sie den

Zensoren die angeforderten Belegexemplare erst am Freitag zu. Kein Wunder, dass die von den Nazi-Schergen angeordneten inhaltlichen Änderungen kaum Wirkung zeigten, hatte ein Großteil der Zielgruppe das Blatt bis dahin ja schon längst gelesen. Im August 1935 hatte die Gestapo das Hase-und-Igel-Rennen dann aber satt und verbot die gesamte Zeitschrift.

Wer sich eingehender über die Neuköllner Widerstandsbewegung informieren möchte, kann dies im Rathaus Neukölln tun. Dort existiert seit 2000 der Multimedia Gedenkort »Widerstand in Neukölln 1933 – 1945«, in dem sich Geschichte multimedial erkunden lässt.

Wir Kinder vom Bahnhof Zoo ➔ **Gropiusstadt**
Wolkenkratzer ➔ **Aufstieg**
Zander, Frank ➔ **Berühmtheiten**

---

48 Stunden Neukölln

In Neukölln gibt es keine
kulturellen Veranstaltungen

»Acht Stunden sind kein Tag« hieß es einst prägnant in einer von Rainer-Werner Fassbinder in den siebziger Jahren kreierten Fernsehserie – aber 48 Stunden sind und bleiben unbestreitbar zwei Tage. In Neukölln sind 48 Stunden darüber hinaus auch der zeitliche Rahmen für ein ambitioniertes Kunst- und Kulturfestival, das mittlerweile sogar zum größten der deutschen Hauptstadt avanciert ist. Allein 2010 wurden bei diesem Event der Superlative weit mehr als 700 Einzelveranstaltungen an über 350 Neuköllner Spielorten realisiert! Da soll noch mal einer behaupten, es gebe keine → Kultur in → Neukölln!

Der Grundgedanke des 1999 erstmals veranstalteten Festivals war simpel: Sämtliche künstlerischen und kulturellen Aktivitäten des Bezirks sollten an einem festen Termin des Jahres gebündelt werden und alle Organisationen, Initiativen, Künstler und Kulturschaffenden Neuköllns wurden daher aufgerufen, sich zu beteiligen. Nach dem erklärten Willen der Initiatoren hatte das Spektakel unbedingt bunt, laut und kreativ zu werden, um dem in den Medien so gern propagierten Image des Bezirks als sozial deklassierter, vernachlässigter und gewaltbestimmter Slum ein abwechslungsreiches und attraktives Neukölln-Bild entgegenzusetzen. Und damit sich auch die nicht kunstinteressierten Einheimischen angesprochen fühlen konnten, dockte man in den ersten fünf Jahren die Kunst- und Kulturaktionen an ein rein gastronomisch orientiertes Straßenfest an. Es war amüsant zu beobachten, wie dabei zwei autarke Parallelwelten entstanden. Auf der einen Seite die Kulturgalaxie, in der sich die üblichen Verdächtigen der

Berliner Kulturschickeria plus ein paar versprengte Touristen die Klin-
ken der Galerietüren in die Hand gaben. Auf der anderen Seite das Uni-
versum der kulinarischen Vergnügungen, in dem an den Imbiss- und
Getränkeständen diejenigen feierten, die sich von Kunst eher belästigt
und mehr zu den leiblichen Freuden des Lebens hingezogen fühlten.
Als der Straßenfestcharakter der Veranstaltung im Laufe der Jahre
überhandzunehmen drohte und der kulturelle Anspruch der »48 Stunden« ins Hintertreffen geriet, zogen die Organisatoren die Reißleine.
Ab 2004 konzentrierten sie sich auf ihre Kernkompetenz und koppel-
ten das Festival wieder vom Straßenfest ab. Parallel dazu entschied
man sich, die Veranstaltungen in Zukunft über den gesamten Bezirk
zu verteilen und sich inhaltlich stärker als zuvor auf den Bereich der
bildenden Künste zu konzentrieren.

Dem Festival tat diese Entscheidung denkbar gut. Sowohl die Zahl
der beteiligten Künstler als auch die der Veranstaltungsorte stieg von
Jahr zu Jahr. Begann es 1999 mit 25 Orten, nahmen zum fünfjährigen
Bestehen des Festivals im Jahr 2004 bereits 64 Veranstalter teil. Zum
zehnten Jubiläum im Jahr 2008 waren es dann schon 165 Orte mit
über tausend aktiven Künstlerinnen und Künstlern, die sich in 350
Veranstaltungen präsentierten. Auch die Besucherzahlen hielten mit
dieser positiven Entwicklung locker Schritt. Zuletzt waren es 2010 satte
70.000 Besucher, die das kulturelle Angebot wahrnahmen, das mittlerweile sämtliche künstlerischen Genres wie Performance, Malerei,
Fotografie, Installationen, Tanz, Theater und Musik umfasst.

Die Ursache dieses gigantischen Erfolges ist in meinen Augen das
nach allen Richtungen hin offene Konzept der »48 Stunden«. Jeder,
der sich in unserem Bezirk kulturell engagiert und eine Festivalver-
anstaltung organisieren möchte, wird zum willkommenen Teilnehmer
des Spektakels. Indem Künstler ihre Ateliers öffnen, Mitmach-Projekte
und Installationen im öffentlichen Raum initiieren und vor allem auch
ungewöhnliche Orte wie Hinterhöfe, Keller, Treppenaufgänge, Gärten,
Privatwohnungen oder Kirchen für das künstlerische Wirken erschlie-

ßen, bleibt das Festival lebendig und spannend. Das leicht anarchische und subkulturelle Flair tut dem Erfolg der Veranstaltung ganz offenbar gut. Gleichzeitig garantiert dieses Konzept einer sympathisch unperfekt wirkenden Werkschau, dass die »48 Stunden Neukölln« auch nach über zehn Jahren weiterhin als Schnittstelle zwischen künstlerischen und soziokulturellen Projekten funktionieren können.

2005 eröffneten die Organisatoren in sechs Kiezen (im Einzelnen sind das: Schiller-, Flughafen-, Körner- und Reuterkiez sowie Richardplatz und Passage) sogenannte »Kunstfilialen«, in denen Künstler und Aktivitäten zusammengeführt und in Einklang gebracht werden. Die Kunstfilialen fördern die Netzwerkbildung zwischen Künstlern und Mitveranstaltern und arbeiten zudem, unter anderem durch regelmäßige Kunstfilial-Flugblätter, die kulturelle Struktur der einzelnen Kieze besser heraus, als es in der Vergangenheit möglich war. Das Ziel der Veranstalter ist und bleibt aber, unter dem Schlagwort »Alle machen Kunst« zeitgenössische Kultur mit der gesellschaftlichen Realität Neuköllns zu konfrontieren. Aus dieser Gegenüberstellung von Kunst und einem Bezirksalltag, der geprägt ist von hoher Arbeitslosigkeit und einer großen Zahl jugendlicher Schulabbrecher, sollen neue Ansätze und Synergien wachsen und nachhaltige Strategien für eine neuartige Stadtteilkultur entwickelt werden. Sicher eine extrem ehrgeizige Vision, aber wer nichts versucht, wird nichts erreichen.

Persönlich hatte ich bisher das Pech, während der Festivaltermine stets auf Tournee zu sein. Nein, das ist jetzt keine Ausrede, sondern das übliche Schicksal von uns professionellen Dauerreisenden! 2008 durfte ich allerdings auf Einladung der Organisatoren selbst auf die Bühne. An meinen eigenen Auftritt erinnere ich mich gar nicht mehr so genau, wohingegen mir die Performance eines anderen Künstlers lebhaft im Gedächtnis geblieben ist: Es handelte sich um einen »Kunstapotheker«, dessen ausgestellte abstrakte Werke mich auf den ersten Blick nicht sonderlich ansprachen. Das änderte sich, als ich sah, wie wortreich und überzeugend er den Besuchern seine Kunst als Homöopathie für die Seele zu verkaufen verstand. Ich habe selten jemanden erlebt, der innerhalb so kurzer Zeit so viele »Rezepte verschrieben« hat, wie er das Verkaufen seiner Arbeiten etwas euphemistisch nannte. Man bedenke: Es handelte sich um Kunstwerke, also um üblicherweise recht schwer an den Mann oder die Frau zu bringende Ware. Dieser »Apotheker« hätte mit Sicherheit auch auf dem härtesten Ellenbogenpflaster der Welt, nämlich auf einem orientalischen Basar, eine konkurrenzfähige Figur abgegeben. (→ Gropiuspassagen)

Was man in 48 Stunden sonst noch alles machen könnte:

- 1,5-mal den Mauerweg laufen
- 5-mal Thilo Sarrazins »Deutschland schafft sich ab« lesen
- 288 Döner essen
- 4-mal mit dem Auto von Neukölln nach Köln fahren

Liste der Neukölln-Irrtümer

Verwendete Literatur (Auswahl)

Berger, Christine/Wilke, Phillip: *Neukölln. Der kleine Stadtführer*, Berlin 2010

Borgelt, Christiane/Jost, Regina: *Architekturführer Berlin-Neukölln*, Berlin 2003

Gösswald, Udo: *Neukölln bewegt sich. Von Turnvater Jahn bis Tasmania*, Berlin 2004

Groschupf, Johannes: *Hinterhofhelden*, Berlin 2009

Hannemarn, Uli: *Neulich in Neukölln*, Berlin 2008

Hirsch, Angelika-Benedicta: *Ein Haus in Neukölln. Fast eine Liebeserklärung*, Berlin 2008

Hüge, Cornelia: *Die Karl-Marx-Straße*, Berlin 2010

Hüge, Cornelia: *Wo Neukölln auf Kreuzberg trifft*, Berlin 2004

Kolland, Dorothea: *Der lange Weg zur Stadt*, Berlin 2002

Meyer, Gerhard: *Rixdorf im Jahr 1900*, Berlin 2001

Neukölln – Potenziale, Probleme und Perspektiven eines Einwanderungsbezirks (Berliner Beiträge zu Integration und Migration), Berlin 2005

Neuköllner Kulturverein (Hg.): *Sand im Getriebe*, Berlin 1990

Pick, Brigitte: *Wer PISA nicht versteht, muss mit RÜTLI rechnen*, Hamburg 2007

Pyka, Hans-Gerd: *Königswasser*, Berlin 2009

Uebel, Lothar: *Die Neue Welt an der Hasenheide. Über hundert Jahre Vergnügen und Politik*, Berlin 1994

Uebel, Lothar: *Karstadt am Hermannplatz*, Berlin 2000

Uebel, Lothar: *Reinstes Rixdorfer Vergnügen*, Berlin 1997

Vierck, Henning: *Der Comenius-Garten. Eine Leseprobe aus dem Buch der Natur*, Berlin 1992

VVN Westberlin (Hg.): *Widerstand in Neukölln*, Berlin 1987

Quellen

Zusätzlich wurde bei der Recherche immer auch auf Zeitungsarchive, die Veröffentlichungen des Amtes für Statistik Berlin Brandenburg und Internetquellen zurückgegriffen.

Die Auszüge aus der *Neuköllnischen Zeitung* auf den Seiten 79 und 121 wurden der Seite www.dasneuestevongestern.wordpress.com entnommen.

Abbildungsnachweis

Archiv des Verlags   S. 31, 89, 157

Fotolia.com   S. 17 (ag visuell), 112 (daw666)

Krahl, Lothar   S. 97

Neukölln.TV   S. 41

Topp, Marijke   S. 12, 13, 25, 26, 60, 67, 72, 109, 131, 141, 149, 167, 169, 193, 196, 199, 208, 216, 217, 223, 225

Über den Autor

Foto © Matze Schmidbauer

Murat Topal, geboren 1975 als Sohn eines türkischen Vaters und einer deutschen Mutter, wuchs in Berlin-Neukölln auf. Er war zehn Jahre lang Polizist, bevor er sein Comedy-Talent zum Beruf machte. Seit 2004 tourt er mit seinen Programmen durch Deutschland und tritt daneben regelmäßig in verschiedenen TV-Shows auf (z.B. »Quatsch Comedy Club«, »Nightwash«, »Scheibenwischer« oder »Freitag Nacht News«). Topal setzt sich in verschiedenen Initiativen für ein integratives Miteinander der Kulturen sowie gegen Gewalt ein und ist bekannt aus Talkshows wie »Anne Will«, »Kölner Treff«, »NDR Talkshow« oder »Maybritt Illner«. Im Januar 2011 startet bei Sat.1 Comedy die TV-Serie »Spezialauftrag« mit Murat Topal in der Hauptrolle.